CHE FÖDERATION
Baikalsee
Akmola
STAN
Balchaschsee
Ulan Bator
MONGOLEI
Almaty
Bischkek
KIRGISTAN
Vladivostok
Peking
(Beijing)
NORD-
KOREA
Pjöngjang
Seoul
SÜD-
hanbe
TADSCHIKISTAN
VR. CHINA
Tokyo
JAPAN
Islamabad
BHUTAN
Thimphu
Neu-Delhi
NEPAL
Katmandu
Ostchines.
Meer
Dhaka
Taipeh
TAIWAN
INDIEN
BURMA
LAOS
Hanoi
Hongkong
BANGLA-
DESCH
Pazifischer Ozean
Yangon
Vientiane
THAILAND
VIETNAM
Manila
Bangkok
KAMBODSCHA
PHILIPPINEN
Phnom Penh
Südchin.
Meer
Colombo
Bandar Seri
Begawan
Koror
Male
Kuala
Lumpur
BRUNEI
SRI LANKA
MALAYSIA
PALAU
IVEN
Singapur
SINGAPUR
scher Ozean
INDONESIEN
Jakarta

Egon Bahr · Deutsche Interessen

Egon Bahr

Deutsche Interessen

Streitschrift zu Macht, Sicherheit und Außenpolitik

Karl Blessing Verlag

Umwelthinweis
Dieses Buch und der Schutzumschlag wurden auf chlorfrei gebleichtem Papier gedruckt.
Die Einschrumpffolie (zum Schutz vor Verschmutzung) ist aus umweltschonender und recyclingfähiger PE-Folie.

Der Karl Blessing Verlag
ist ein Unternehmen der Verlagsgruppe Bertelsmann.

1. Auflage

Umschlaggestaltung: Design Team München
Satz: IBV Satz- und Datentechnik, Berlin
Druck: Presse-Druck, Augsburg
Bindung: Großbuchbinderei Monheim
Printed in Germany
ISBN 3-89667-069-7

Nicht nur zitieren, sondern befolgen:

»Besinnt euch auf eure Kraft
und darauf, daß jede Zeit eigene
Antworten will und man auf ihrer
Höhe zu sein hat, wenn Gutes
bewirkt werden soll.«

Willy Brandt 1992 in Berlin

Inhalt

Vorwort

Altmodisch bin ich und angewidert von der verächtlichen und erfolgreichen Mode, Politik zur Unterhaltung verkommen zu lassen. Es war schon immer einfacher, an Instinkte als an den Verstand zu appellieren: Mindestens seit es Massenmedien gibt, läßt sich eine Person leichter »verkaufen« als ein Parteiprogramm. Wenn aber die Person nicht mehr den Inhalt verkörpert, sondern eine gepflegte und erzeugte Stimmung, Sympathiewerte wichtiger genommen werden als Inhalte, dann machen sich die Parteien zu Dienern und beflissenen Lieferanten der Medien. Wenn wir 1969 den Umfragezahlen gefolgt wären, hätte es diese Ost- und Entspannungspolitik nicht gegeben.

Altmodisch bin ich und fühle mich gerade deshalb auf der Höhe der Zeit; denn jenseits aller Moden, die kommen und gehen, bleiben Außen- und Sicherheitspolitik Schicksalsfragen der Völker, solange es sie gibt. Die Staaten folgen ihren Interessen, selbst wenn Deutschland andere Probleme für wichtiger hält und die internationalen Fragen mit dem Blick auf Bundestagswahlen ausblendet.

Auch wenn das Land nach dem Epochen-Wechsel und

der Gewinnung der Einheit seine Aufmerksamkeit auf andere Probleme, wie innere Einheit und Arbeitslosigkeit gerichtet hat, ist es höchste Zeit, öffentlich zu diskutieren, welche neuen Optionen sich nach außen bieten, was wir wollen und was wir können, was unseren Interessen entspricht und was nicht. Das soll in dieser Schrift versucht werden, möglichst von der Vernunft geleitet, möglichst frei von Neigungen und Emotionen, die natürlich existieren, von denen die Staaten sich möglichst freihalten, wenn sie ihren Kurs bestimmen. Es lohnt, über eine neue Standortbestimmung deutscher Außenpolitik zu streiten.

Wiederkehr der Machtpolitik

Deutschland »erfreut« sich eines unerfreulichen Wachstums, das schwer zu bändigen scheint: Die Arbeitslosigkeit steigt mit den Aktienkursen, es gibt immer mehr Millionäre, immer mehr Armut und immer mehr Kriminalität, der öffentliche Schuldenberg wird größer und mit ihm die Löcher in den Haushalten von Bund und Ländern. Ungebremst sucht sich das Kapital, seinem Zweck entsprechend die Orte auf dem Globus, wo es die besseren Gewinne erzielen kann, spart damit zu Hause an Löhnen und Steuern und erweitert so die Lücken in den Staatsfinanzen, die durch Erhöhung der Steuern nicht mehr zu schließen sind, weil die Abgabenlast schon zu groß geworden ist.

Wie geht es mit dem Land weiter? Die Empfehlungen widersprechen sich: Die Deutschen sollen wieder mehr und länger arbeiten, die Arbeitszeit soll verkürzt, mehr Teilarbeit eingeführt werden. Seit Jahren werden Gesetze fabriziert, um der Wirtschaft Investitionen im Lande rentabler zu machen und mehr neue Jobs und Lehrstellen zu schaffen. Aber die Pferde saufen nicht, würde Karl Schiller wiederholen, lebte er noch. Den Gürtel enger zu schnallen, empfiehlt der Kanzler, der das Rezept jedes Jahr an sich selbst erprobt, ohne nachhaltigen Erfolg. Der Bundespräsident lobt unsere Analysefähigkeit, rügt mangelnde Entscheidungskraft und findet, daß ein Ruck durch das Land gehen müsse.

Wohin soll das Land rucken? Mir scheint, es wird an Symptomen herumgedoktert, wobei jedenfalls eine Hauptursache unberücksichtigt bleibt: Die Maschinen brauchen immer weniger Menschen, um immer mehr zu produzieren. Und der Gewinn durch bescheidene Löhne finanziert auch solche neuen Maschinen, die nicht nur Produkte, sondern neue Arbeitslose schaffen. Der technologische Fortschritt, nicht aufzuhalten, der den Menschen das Leben leichter machen sollte und gemacht hat, wächst schneller und radikaler, als Gesellschaft und Staat damit fertig werden. Eine global gültige Antwort ist noch nicht gefunden, auch in Deutschland nicht, und so laborieren wir weiter.

Mit ein wenig Abstand ist zu erkennen: Die Menschen in Deutschland sind in den letzten fünfzehn Jahren nicht viel anders geworden, nicht fauler und nicht fleißiger, sind genauso intelligent, auf Sicherung und Mehrung ihres Wohlstands bedacht, wenig geneigt, Abstriche zu machen; in Ostdeutschland wächst bei hoher Anpassungsfähigkeit die Einsicht, daß der gleiche Lebensstandard, verfassungsmäßiger Anspruch, so schnell nicht erreicht werden kann. Es liegt nicht an den Menschen, nicht an ihren Fähigkeiten und Talenten, wenn in Deutschland die Sorge vor der Zukunft wächst.

Mit ein wenig Abstand ist zu erkennen: In diese Lage sind wir nicht über Nacht gekommen. Die Reformdebatte läuft seit mehr als zehn Jahren, die Symptome der Kostenexplosion, zu hohe Staatsanteile bei Abgaben und Ausgaben, begleiten uns länger als die zurückliegenden drei Legislaturperioden, die Arbeitslosigkeit ist im Westteil des Landes nicht erst seit der deutschen Einheit bedrohlich gewachsen; die neuen Länder haben die alten auf diesem Sektor, trotz ungeheurem Nachholbedarf, erschreckend schnell eingeholt und überholt. Bei allen Unterschieden ist die deutsche Einheit der Defizite und der Malaisen erreicht. Der Schub, den die westdeutsche Wirtschaft durch die staatliche Einheit erhalten hat (die westdeutschen Autos, die statt der Trabis und Wartburgs über die erneuerten Straßen rollen, hätten kaum einen anderen Markt finden, der Wald von Kränen nicht auf anderen Baustellen wachsen können), mit den so gesicherten Arbeitsplätzen und Gewinnen, hat die Tendenz nicht umkehren können. An der Einheit liegt es nicht, wenn in Deutschland die Sorge vor der Zukunft wächst.

Mit ein wenig Abstand ist zu erkennen: Was uns heute umtreibt, sind Auswirkungen von elementaren Entwicklungen, die eingesetzt haben, als es den Ost-West-Konflikt noch gab. Die Warnungen, die Bundesrepublik verpasse den Anschluß an die Produktion von Mikrochips, einer Schlüsselindustrie der Zukunft, waren öffentlich schon Mitte der achtziger Jahre vom Leiter des Planungsstabs im Auswärtigen Amt mit enervierender Eindringlichkeit zu hören, lange bevor jemand daran dachte, der Warschauer Pakt könnte sich auflösen. Die Mahnungen vor der Entwicklung der kleinen Tiger und dem gewaltig sprießenden Markt in Südostasien wurden weitsichtig ausgesprochen, bevor sich jemand das

Ende der Sowjetunion auch nur vorstellen konnte. Die uns seltsam anmutenden amerikanischen Antworten auf diese Entwicklung, wie sie Präsident Reagan mit billigen Jobs und teurer Rüstung gab, wurden diskutiert, ehe irgendwer erkannte, daß die Frage der deutschen Einheit in wenigen Jahren auf die Tagesordnung der internationalen Politik kommen könnte.

Die Deutschen haben die Entwicklung nicht verschlafen, sondern nicht beachtet, weil wir andere Sorgen hatten. Das Hemd ist immer näher als der Rock. Natürlich war die Angst vor dem Ende durch einen begrenzten Atomkrieg, wie er in Amerika öffentlich diskutiert wurde, größer als die Angst vor einer globalen Revolution der Wirtschaftsbedingungen mit Auswirkungen auf Deutschland. Natürlich waren wir, als Gorbatschow die phantastische Aussicht auf ein Ende der Bedrohung eröffnete, mehr darauf konzentriert, diese Chance zu verwirklichen, als über vielleicht zu verpassende Chancen auf dem Weltmarkt nachzusinnen mit eventuellen Auswirkungen auf den deutschen Arbeitsmarkt. Der Ost-West-Konflikt hat zu viel Aufmerksamkeit und Energie verlangt und den Blick auf seine Beherrschung und Beseitigung eingeengt.

Endlich frei von dieser politischen Monokultur während vieler Jahrzehnte, erscheinen bislang vielfach übersehene Wirklichkeiten neu, die gar nicht neu sind. Daß sich der Kapitalismus, befreit von dem lästigen Konkurrenten im Osten, der sich zu Recht mit einem Winseln aus der Geschichte verabschiedet hat, nun ungehemmt der Gewinnmaximierung zuwenden kann, hat die Entwicklung nicht ausgelöst, sondern nur beschleunigt. Unseren politischen Eliten kann nicht vorgeworfen werden, sie seien für all das blind gewesen; denn es wurde schon gesehen, aber Kraft und Zeit fehlten für die notwendige Kraft und Zeit, sich darauf zu konzentrieren. Und die intellektuellen und geistigen Eliten des Landes haben die modischen und aktuellen Themen lieber gepflegt als auf mögliche Versäumnisse aufmerksam zu machen oder Bewußtsein zu erzeugen, welche Auswirkungen die Scheuklappen langfristig für uns alle, Staat und Gesellschaft, haben könnten.

Aber schon wieder sind wir dabei, den Fehler zu wiederholen. Der Blick ist abermals eingeengt. Diesmal nicht auf Friedenserhaltung, sondern Wohlstandserhaltung. Nach dem Triumph der Entspannungspolitik lehnen wir uns entspannt zurück, um uns dem Kern der Dinge zuzuwenden, dem Nervus rerum. Da es das Geld ist, was die Welt im Innersten zusammenhält, können wir nicht nur, wir müssen sogar um Standort und internationale Wettbewerbsfähigkeit besorgt sein. Weil es so schwer ist, ohne den alt-bösen Feind zu leben, wurde der neue gesucht und gefunden in nur schwer überschaubaren Kräften, die daran hindern, den Tanz ums Goldene Kalb unbeschwert zu genießen. Die neue Monokultur feiert Orgien.

Deutschland ist mehr als ein Standort, der sich rechnen muß. Früher, in längst vergangenen Zeiten, verstand jeder: Außenpolitik ist unser Schicksal; nun lockt die Sicherheitspolitik keinen Hund mehr hinter dem Ofen hervor, ist mit Außenpolitik keine Wahl zu gewinnen. Europa ist schon keine »reine« Außenpolitik mehr und beunruhigt vor allem, weil die gute alte harte D-Mark für einen unbekannt weicheren Euro aufgegeben werden soll. Da in einer Streitschrift auf Nuancen verzichtet werden muß und Übertreibungen erlaubt sind: Soviel Kraft und Zeit die Innenpolitik auch immer fordern mag, kann es gut sein, daß Deutschland sich eines Tages den Vorwurf machen muß, es hätte die Chancen verschlafen und die Möglichkeiten ungenutzt gelassen, die ihm die neue Lage nach dem Ende des Ost-West-Konflikts geboten hat.

Das vereinte Deutschland steht, so souverän wie es die eingegangenen Verpflichtungen zulassen, das heißt so souverän wie jeder Staat, mit größerem Gewicht vor einem neuen Abschnitt seiner Geschichte. Vergleichbar der Situation nach der Reichsgründung Bismarcks und nach der Niederlage im Ersten Weltkrieg, trägt Deutschland die Verantwortung für sich und vor seinen Nachbarn, als europäisches Land begrenzt auch für sie, welche Ziele seiner Außen- und Sicherheitspolitik es berechenbar und zuverlässig für das 21. Jahrhundert verfolgen will. Nach dem Ende des Zweiten Weltkriegs geteilt, beschützt und beherrscht ist es nun frei, seine Rolle zu bestimmen, entlassen aus der Zeit des Besiegten, des Vasallen und des Satelliten, erprobt und verläßlich als demokratisches Land und gesundet von der Überheblichkeit, sich zum Herrn Europas machen zu wollen.

Unvergleichbar zur Lage 1871 und 1918 ist der deutsche Nationalstaat abermals Mitgestalter der Dinge in Europa, die wiederum offen sind für mehrere Wege und Linien. Noch sind die Orientierungsversuche unserer Partner nicht abgeschlossen, noch ist eine neue stabile Ordnung des Kontinents nicht geschaffen, die für Jahrzehnte die neue Ära Europas kaum veränderbar erstarren läßt. Deutschland wird selbst mitbestimmen, konstruktiv oder destruktiv, treibend oder hemmend, gleichgültig oder engagiert. Schuld kann auch durch Entscheidungsscheu entstehen, Fehler sind auch bei bestem Willen nicht vermeidbar. Jedenfalls ist Geschichte selten so offen gewesen.

Damit muß aber Deutschland auch in sein öffentliches Bewußtsein heben, daß fast alle Faktoren, die in der Vergangenheit für die Geschichte zwischen Staaten und Völkern eine Rolle gespielt haben, noch immer gelten und weiterwirken werden, ob das gefällt oder nicht, ob es bequem ist oder den Wünschen widerspricht. An erster Stelle steht die Macht. Die Ohnmächtigen müssen Glück haben oder unwichtig sein, wenn die Mächtigen sie ungeschoren und frei leben lassen. Totaler Machtverzicht heißt Kapitulation. Machterhalt, Machterweiterung, Machtwiederherstellung: Wer die Politik der übriggebliebenen Supermacht oder der Großmacht Rußland oder Chinas analysiert, kommt ohne den Begriff der Macht nicht aus. Für welchen der europäischen Staaten mittleren Gewichts gilt das nicht auch? Daß in Deutschland das Wort ungern im außenpolitischen Zusammenhang benutzt wird, weil es durch Mißbrauch in der deutschen Vergangenheit belastet ist (vielleicht auch aus Angst vor uns selbst), setzt die Kategorie Macht nicht außer Funktion.

Die freundliche demokratische Schwester der Macht heißt Einfluß. Einfluß wollen die kleinen oder schwachen Staaten nehmen, um, so weit es geht, nicht zum Objekt Mächtigerer zu werden. Je mehr die internationale Zusammenarbeit geregelt wird, um so gebändigter wird der

Machtwille der Starken, und um so gesicherter werden Einwirkungsmöglichkeiten der Schwachen. Ihnen muß jeder Schritt willkommen sein, der die Macht Stärkerer durch die Stärke des Rechts relativiert: Die Verrechtlichung der internationalen Beziehungen durch übernationale Verträge und Organisationen ist ihr Königsweg, um die Idee, daß jeder Staat das gleiche souveräne Recht hat, der Wirklichkeit näherzubringen.

Wer diese Schrift bis hierhin gelesen hat und sich entsetzt oder abgestoßen fühlt von der zentralen Stellung, die der Machtausübung zwischen Staaten auch im Übergang zum 21. Jahrhundert zugemessen wird, sollte gelten lassen: Die Abwendung von der Macht läßt sie nicht verschwinden, sie zu verleugnen, läßt sie nicht unwirksam werden. Die viel gescholtene Realpolitik ist eine Realität und wird es bleiben.

Außerdem darf Machtgebrauch nicht mit Machtmißbrauch gleichgesetzt werden. Macht wozu? Diese Frage wird seit Jahrtausenden diskutiert. Sie ist heute so aktuell wie je. Daß viele Deutsche Machtausübung nicht für zeitgemäß, nicht für fein, nicht für zukunftsträchtig halten, mag daran liegen, daß Deutschland in den zurückliegenden fünfzig Jahren machtentwöhnt wurde. Doch das Land, das vor der Gestaltung eines neuen Abschnitts seiner nationalen Geschichte steht, muß wieder machtgewohnt werden. Machtgewöhnung ist ein anderes Wort für Normalität.

Deutsche Macht als Normalität – das mag viele erschauern lassen, in Europa, aber auch zu Hause Emotionen wecken. Die Erinnerung der Völker überdauert Generationen. Doch fürchtet euch nicht! Es gibt keinen Rückweg in die Vergangenheit. Nicht auf den guten Willen der Deutschen, nicht darauf, daß wir gelernt haben und klüger geworden sind, müssen sich die europäischen Völker verlassen; die Deutschen können den Nachbarn nicht gefährlich werden, selbst wenn Unbelehrbare oder Dumme es wollten: Die Deutschen liegen an der Leine, wie der frühere amerikanische Außenminister Baker es ausgedrückt hat. Die NATO hat neben allen anderen Aufgaben die der Kontrolle über Deutschland behalten. Deutschland kann keinen Staat mehr militärisch bedrohen.

Diese fundamentale Realität in der Mitte Europas ist geradezu die Voraussetzung für die Gewöhnung der Deutschen und ihrer Nachbarn, daß Deutschland, normal wie jeder Staat, Macht und Einfluß ausübt. Man kann ruhig darüber sprechen. Die militärische Seite deutscher Macht, nicht zu verachten, nicht zu entbehren als Teil unserer Normalität, wird nur noch im internationalen Verbund eingesetzt. Die Notwendigkeit, ins ehemalige Jugoslawien Soldaten zu entsenden, weil ohne Einsatz militärischer Macht ein Waffenstillstand als Voraussetzung für den Frieden nicht garantiert werden kann, ist auch in Zukunft nicht auszuschließen.

Zu widersprechen ist Hans-Dietrich Genschers Formulierung (*Focus*, Nr. 32/97), daß »Machtpolitik und Verantwortungspolitik einander widersprechen«. Gerade die Politik der Mächtigsten darf nicht von der Verantwortung losgesprochen werden, die Größe und Kraft ihr verleiht. Das gilt prinzipiell auch für Deutschland, obwohl seine Mittel geringer und bescheidener sind, verglichen mit stärkeren Staaten. Es kann sogar verantwortungslos sein, Macht nicht einzusetzen. Etwa für das in der Verfassung enthaltene Gebot, gleichberechtigt »in einem vereinten Europa dem Frieden der Welt zu dienen«. Damit wird fast zur Pflicht erhoben, zu helfen, um Frieden im vereinten Europa zu schaffen, um ihm dann dienen zu können. Ich kann mir Außenpolitik ohne Machtpolitik nicht vorstellen. Allerdings schränkt Genscher sein Verdikt ein und wirbt für »die Überwindung des alten Denkens«, das »Macht gegen andere und über andere«, also Vorherrschaft, entfalten wollte: Ausgestorben ist dieses Denken noch nicht. Neues Denken will Macht für etwas, für andere und mit anderen ausüben. Am besten für eine Ordnung, in der Macht durch Recht ersetzt ist. Für dieses Ziel sollte jedes Land seine Fähigkeiten, sein Gewicht, seinen Willen, also seine Macht einsetzen. Neues Denken verlangt Machtgebrauch, um Machtmißbrauch einzudämmen, verlangt Machtübertragung auf übernationale Organe, um nationale Machtentfaltung einzuschränken.

Wenn Deutschland zur Normalität seiner Machtausübung kommen soll, dann geht es um politische Macht. Sie ist sinnvoll nur als Mittel zum Zweck zu betrachten, also muß am Anfang die Definition deutscher Interessen vorgenommen werden.

Zur Rangfolge der Interessen

Im Sommer 1996 haben zwanzig Amerikaner aus eigenem Antrieb eine »Kommission für Amerikanische Nationale Interessen« gebildet und ihren Bericht vorgelegt. Wer auch immer Präsident werden würde, sollte sich über die Priorität amerikanischer Interessen klar sein und seine Politik danach bestimmen können. Ihre Mitglieder, darunter international klangvolle Namen, haben im Weißen Haus, Senat, State Department und Pentagon, in Wirtschaft und Wissenschaft Erfahrungen gesammelt und schon für demokratische wie republikanisch bestimmte Administrationen gearbeitet.

Die Kommission unterscheidet zwischen vitalen, herausragenden, wichtigen und sekundären Interessen. An erster Stelle der vitalen Interessen steht die Verhinderung eines Angriffs mit atomaren, biologischen oder chemischen Waffen auf die USA. Danach folgt das Ziel, zu verhindern, daß sich in Europa oder Asien eine feindlich gesinnte Führungsmacht entwickelt oder eine bedeutende Macht jenseits der Grenzen oder eine Macht, die fähig ist, die Meere zu kontrollieren. Am Schluß der vitalen Interessen rangiert die Sicherung der Verbündeten.

Unter den analysierten elf herausragenden Interessen rangieren neben der Verhinderung einer Bedrohung durch atomare oder biologische Waffen irgendwo auf der Welt die Verhinderung einer regionalen Führungsmacht in wichtigen Regionen (wie am Persischen Golf), einer unfreundlichen großen Macht in Europa und Asien, der Schutz der Verbündeten gegen ernste Angriffe von außen, die Aufgabe, eine Spitzenstellung für militärisch relevante Schlüsseltechniken zu erhalten.

Erst bei den wichtigen Interessen erscheint die Aufgabe, massive Menschenrechtsverletzungen zu entmutigen, amerikanische Bürger vor Terrorismus zu schützen, internationale Drogenprobleme zu reduzieren, Umweltschutz zu fördern und den amerikanischen Informationseinfluß zu verstärken, um die Kulturen fremder Nationen positiv zu beeinflussen. Die Förderung von Pluralismus, Freiheit und Demokratie in strategisch wichtigen Staaten gehört auch in diese Kategorie, soweit das möglich ist, ohne diese zu destabilisieren. Schaffung oder Erhaltung demokratischer Regierungsformen in anderen Staaten gehört zu den wünschenswerten Dingen, die aber weniger wichtig sind als die Aufgabe, Wohlfahrt für die Amerikaner zu erhalten und zu erweitern.

Innerhalb der selbstverständlichen Globalität der Analyse fällt die zentrale Bedeutung auf, die vorhandenen oder künftigen Massenvernichtungswaffen gegeben wird. Die potentielle Bedrohung durch sie ist ein elementarer Orientierungspunkt der amerikanischen Politik. Er ist ein Schlüssel für das Verhältnis zwischen Washington und Moskau. Umgekehrt muß Rußland bestrebt sein, seine Atomwaffen kontrolliert »in Schuß« zu halten; dies ist in überschaubarer Zeit das einzige Gebiet, auf dem es ein respektierter globaler Gesprächspartner für die USA bleibt. Es kann für Europa wie für Deutschland nur gut sein, wenn die USA dieses vitale Interesse durchsetzen; alle anderen Probleme werden erst dann leichter lösbar. Auch wenn in Deutschland die öffentliche Diskussion über Atomwaffen und die Entwicklung neuer Massenvernichtungsmittel eingeschlafen ist, darf dieser reale Hintergrund von Machtpolitik und globaler Sicherheit nicht übersehen werden (s. S. 51: Vergeßt nicht die Atomwaffen!).

Den Verfassern der amerikanischen Studie kann nicht der Vorwurf gemacht werden, daß sie Europa oder Werte wie Demokratie und Selbstbestimmung nicht als vital einstufen. Auch ist die Unterstellung nicht erlaubt, sie würden die Menschenrechte verachten oder Minderheitenrechte gering schätzen. Sie haben nur eine nüchterne Interessenabwägung vorgenommen mit dem Ziel, Amerikas einzigartige Führungsrolle in der Welt zu sichern und auszubauen. Sie sind überzeugt, daß amerikanische Außenpolitik sich auf vernünftig erklärbare nationale Interessen gründen muß, weil nur sie die Führung in die Lage versetzt, die Bürger von der Notwendigkeit zu überzeugen, dafür Geld auszugeben, notfalls Blut zu opfern. Die Verfasser wollen zur Klarheit beitragen, um aus den Widersprüchlichkeiten und der Unübersichtlichkeit der Lage die mögliche Orientierung zu finden, nicht für die eine oder andere Partei, sondern für das Land. Und sie reklamieren dabei für sich nicht, allein im Besitz von Weisheit und Wahrheit zu sein.

Eine Kommission dieses Zuschnitts ist auch Deutschland zu wünschen. Eine Gruppe, die nicht darauf wartet, vom Staat gerufen oder für ihre zeitlich begrenzte Arbeit von der Regierung finanziert zu werden, ist auch in unserem Land möglich. Personen unterschiedlicher Erfahrungen gibt es genug, die realistisch und systematisch deutsche Interessen analysieren und Optionen deutscher Außenpolitik klären können, unabhängig davon, wer nach den Bundestagswahlen 1998 die Regierungsverantwortung übernimmt. Wie auch immer die Farbzusammensetzung zwischen rot, schwarz, gelb und grün ausfallen mag, ungeachtet der Neigungen und Fähigkeiten der daran Beteiligten, die wie immer eine Rolle spielen werden, sind die objektiven Interessen des Staates für die nächste Dekade zu formulieren; sogar die Perspektive einer die Parteien übergreifenden Außenpolitik könnte so verbessert werden.

Kein einzelner kann den Anspruch erfüllen, den die amerikanische Kommission breit, nuanciert und zielorientiert gesetzt hat. Aber weil die Auseinandersetzung um neue Optionen einer neuen Zeit nötig ist, lohnt es, die Diskussion anzustoßen. Diese Streitschrift will sie auf das Wesentliche konzentrieren, das hierzulande zu kurz kommt, blendet dabei aber bewußt wichtige und bewegende Dinge aus; sie vernachlässigt alle Faktoren, die in der amerikanischen Analyse als zweitrangig gelten und die naturgemäß auch aus deutscher Sicht herausgearbeitet werden könnten.

Meine Analyse deutscher Interessen ergibt:

Erstens *vital*:

verhindern, daß wieder eine Bedrohungsmacht im Osten

entsteht; positiv: die Stabilität Gesamteuropas erreichen.

Zweitens *herausragend*:

a) die globale Handlungsfähigkeit Europas anstreben;
b) Vertiefung und Erweiterung bestehender Institutionen betreiben;
c) die nordatlantische Sicherheitsstruktur erhalten;
d) die UN stärken.

Drittens *wichtig*:

Stabilitätsbemühungen im Kaukasus und in Mittelasien, im Nahen und Mittleren Osten unterstützen; zur Gesundung Afrikas südlich der Sahara beitragen; die Wirtschaftsinteressen in Südostasien fördern.

Vergleiche

Der vitale Wunsch der USA, »Amerika über alles« zu erhalten, ist natürlich. Kein anderes Land verfügt über die Macht, dieses Machtinteresse pur und weltweit orientiert zu verfolgen. Die regionalen Interessen in Asien, Europa und der amerikanischen Hemisphäre werden auf das oberste Ziel hin ausgerichtet, die Mittel – UNO, NATO, Demokratieförderung, Menschenrechte – unter diesem Blickwinkel zugeordnet. Heuchelei kann dieser Sicht nicht vorgeworfen werden. Was die Clinton-Administration in ihrer Praxis gezeigt hat, sieht aus, als folge sie den Ergebnissen der »Kommission für Amerikas Nationale Interessen«.

Was aus deutscher Sicht vital ist, also allen anderen Zielen übergeordnet werden sollte, ist die Verhinderung einer neuen Bedrohung aus dem Osten, die den Frieden Europas gefährden könnte. Der Unterschied zwischen der notwendig globalen Orientierung der USA und der auf Europa konzentrierten Orientierung Deutschlands ist offensichtlich.

Das vitale Interesse ist auch historisch begründbar: Der Friedensschluß am Ende des Ersten Weltkriegs schuf keine Stabilität, sondern viele neue Staaten mit Revisionswünschen und Minderheitenproblemen. Nach dem Ende des Zweiten Weltkriegs wurde Stabilität erreicht, garantiert durch die Führungsmächte der beiden Blöcke. Nun steht nach dem Ende des Kalten Krieges zum drittenmal die Aufgabe einer stabilen Friedensordnung mit vielen neuen oder wiederbelebten Staaten, diesmal ohne Rückzug der Amerikaner, die eine Macht in Europa bleiben. Diesmal darf es nicht schiefgehen.

Sofern wir also »Europa über alles« setzen, werden die anderen auch wichtigen Faktoren zu- oder untergeordnet, ob sie nun Amerika heißen, Europäische Union, NATO oder UN. So wichtig diese Elemente auch sein mögen, sind sie als Mittel zu betrachten, das überragende Interesse durchzusetzen.

Das überragende Interesse begründet sich nicht nur aus unserer geographischen Lage, sondern entspricht der Realität eines Landes, das nicht über Streitkräfte verfügt, die es, anders als Amerika oder Frankreich oder England, in eigener Entscheidung außenpolitisch einsetzen könnte. Wir sind im Gegenteil daran interessiert, eine Ordnung herbeizuführen, in der das Militär nicht mehr gebraucht wird, um Kriege zu führen oder Kriege zu beenden. Militärisch ist Deutschland eine schwache Macht. Es gibt stärkere Staaten. Es wäre gut, einen Zustand zu erreichen, in dem militärische Stärke keine ausschlaggebende Rolle mehr spielt.

Unabweisbare Logik verlangt eine Stabilität für Europa, die Kriege zwischen seinen Staaten ausschließt und militärische Mittel nur erfordert, um diese Stabilität zu garantieren. Da Gesamteuropa größer ist, als die Europäische Union in den nächsten fünfzig Jahren werden kann, verlangt Stabilität für dieses Europa die Einbeziehung Rußlands und der Republiken, die früher Teile der Sowjetunion gewesen sind, soweit diese das wollen.

Nicht ohne oder gegen Rußland, nicht ohne oder gegen Amerika ist die gesamteuropäische Stabilität zu erreichen. Da weder Rußland noch Amerika der Europäischen Union angehören wollen oder können, sind insofern die Sicherheitsfragen unabhängig von den übrigen politischen und wirtschaftlichen Problemen zu betrachten. Erst eine sich selbst tragende europäische Friedensordnung wird Deutschland in die Lage versetzen, seine politische, wirtschaftliche, kulturelle Stärke in der Mitte Europas zu entfalten, unbeengt durch militärische Sorgen.

Aus nationalem Interesse begründet sich das oberste Ziel deutscher Außen- und Sicherheitspolitik: eine stabile gesamteuropäische Friedensordnung. Die erkennbaren Interessen unserer Nachbarn sind nicht anders. Insoweit ist deutsches und europäisches Interesse identisch. Deutschland kann und sollte seine Politik in den Dienst des europäischen Friedens stellen, berechenbar, zuverlässig, für keinen bedrohlich.

Gegenwärtig ist weitgehende Übereinstimmung mit Washington in dieser Definition vorhanden. Das muß nicht so bleiben. Auch Amerika wird nicht glauben, daß Rußland immer so schwach bleibt, wie es ist. Sein Wiedererstarken zu verhindern, soweit daraus eine Bedrohung Amerikas entstehen könnte, läge nahe. Deutschland muß nicht automatisch so denken. Gerade weil wir das militärische Gewicht – anders als Amerika, das sich darin sonnt – verringern wollen, liegt uns an einer Gesundung Rußlands, damit es sich seiner selbst sicher auf kooperative Einbeziehung in Europa einlassen kann und nicht auf Konfrontation ausweichen muß. Vielleicht mag man in Amerika glauben, Vorteile aus der fortdauernden inneren und äußeren Schwächung Rußlands zu gewinnen, solange nur das Chaos vermieden wird und der atomare Faktor kontrollierbar bleibt; für Europa ist ein Rußland vorzuziehen, das sich konsolidiert, einen Rechtsstaat etabliert statt Korruption zu erlauben, das Demokratie beteuert, aber durch Dekrete regiert. Eine gemeinsame Sicherheitsstruktur unter Einschluß Rußlands, die für Europa vorteilhaft ist, kann in amerikanischen Augen durchaus weniger attraktiv sein; ein sicherheitspolitisch geteiltes Europa mit Elementen potentieller Konfrontation kann sich Amerika nicht nur leisten, ein solches NATO-Europa bliebe auch stärker auf Amerika angewiesen.

Helmut Schmidt, gewiß kein Antiamerikaner, hat die NATO-Erweiterung für die Europäische Union als »eher schädlich« bezeichnet, »weil sie den Amerikanern nicht ein Mitsprache-Recht, sondern ein Übersprach-Recht über die europäischen Dinge beschert«.

Gesamteuropäische Stabilität ist ein Stück wachsender europäischer Unabhängigkeit.

Handlungsfähigkeit Europas

An der ersten Stelle der herausragenden Interessen steht die Gewinnung der Handlungsfähigkeit der Europäischen Union. Die Europäische Wirtschaftsgemeinschaft hat erfolgreicher als jede andere Institution, die nach dem Zweiten Weltkrieg ins Leben gerufen wurde, den Wohlstand seiner Mitglieder gemehrt, Eigenleben gewonnen und Anziehungskraft auf seine Nachbarn entwickelt. Sie steht jetzt vor der Entscheidung, diesem Weg weiter zu folgen oder zu einer Union im wirklichen Sinne des Wortes zu werden. Kein europäischer Nationalstaat kann im Geflecht der Globalisierung hoffen, sich durchsetzen zu können. Nur die Bündelung seiner Staaten verspricht eine globale Rolle.

In dürren Worten: Europa steht vor der Entscheidung, Weltmacht werden zu wollen. Nur als globaler Mitspieler wird es in der Lage sein, seine gesellschaftlichen Vorstellungen zu erhalten gegenüber dem auf anderen kulturellen Vorstellungen beruhenden Weg Ostasiens wie gegenüber dem weitgehend auf rechenbare Effizienz gerichteten Streben Amerikas. Das europäische Modell heißt Wettbewerb und soziale Verpflichtung. Die Identität Europas, die in dem Begriff »Mensch und Markt« zusammengefaßt werden könnte, ist eben nicht deckungsgleich mit dem Selbstverständnis Amerikas.

Zusätzlich zu diesen wirtschafts- und gesellschaftspolitisch unterschiedlichen Hintergründen kann ein weiteres Spannungsfeld zu Amerika erwartet werden. Ein handlungsfähiges Europa wird zum Konkurrenten Amerikas. Nicht nur weil der amerikanische »way of life« eines Tages mit dem europäischen »way of life« weltweit verglichen werden könnte, auch von solchen Völkern, die sich weder des einen noch des anderen erfreuen und dem einen oder anderen zuzustreben sich entschließen könnten; erstmals seit Amerika alleinige Supermacht geworden ist, könnten die USA sich einer nichtmilitärischen Supermacht gegenübersehen, also einer friedlichen Herausforderung ihrer politisch und wirtschaftlich dominanten Stellung.

Der größte Verbrauchermarkt der Welt mit einem Euro, der das gleiche Volumen wie der Dollar umfaßt – das hat es bisher noch nicht gegeben. Das heutige Volumen von Dollar zu D-Mark, etwa 60:15, wird in wenigen Jahren von einem Verhältnis 40:40 zwischen Dollar und Euro abgelöst werden. Engere Zusammenarbeit wird zwingend; zugleich wird der Euro-Einfluß auf den Welthandel wachsen. Auch wenn dieser Euro zunächst weicher als der Dollar wird, kann niemand voraussehen, welchen Wert er nach seiner Konsolidierung erreichen und wer ihn als Orientierung dem Dollar vorziehen mag. Er wird jedenfalls wichtiger als Yen und Schweizer Franken. In dieser Dimension wirkt der Disput, welcher südeuropäische Staat von Anfang an beim

Euro mitmachen darf, etwas provinziell, und der Streit um das 3,0-Kriterium kleinkariert.

Mit dem Euro wird Europa zu einem wirtschaftlichen Riesen, der politische Aktionsfähigkeit gewinnt, mindestens theoretisch. Mit dem Euro wird Europa auf eine Rolle als Weltmacht angelegt, die militärische Macht minimieren will, um die Macht von Politik und Wirtschaft um so stärker zu machen. Das sollte bis zum Jahre 2007 möglich sein, wenn die EU ihr fünfzigjähriges Bestehen feiert.

Muß Amerika eine solche Herausforderung fürchten? Ich glaube das nicht. Die Staaten der USA sprechen eine Sprache und haben eine gefestigte Staatsspitze, die in der Außen- und Sicherheitspolitik zentral entscheidet, zum Teil sogar sehr schnell entscheiden kann. Die Staaten Europas haben anstelle von Gouverneuren Regierungs- und Staatschefs, die verschiedene Sprachen sprechen und die sich einer Behörde in Brüssel bedienen, die ihnen deutlich untergeordnet ist und nur in dem ihr zugewiesenen Rahmen entscheiden darf. Zentrale oder kritische Fragen von Außen- und Sicherheitspolitik gehören nicht dazu.

Dieses Europa kann einen jammern.

Es ist bisher seiner Chance nach dem Ende der Ost-West-Konfrontation nicht gerecht geworden. Obwohl keiner Bedrohung mehr ausgesetzt, von Freunden und Partnern umzingelt, hat es sich weitergeschleppt in der Tradition des Kalten Krieges unter dem Schutz der Vereinigten Staaten und einer Schnecke gleich die Langsamkeit der Teilfortschritte zur Tugend erhoben. In Maastricht hätte ein Ruck durch Europa gehen müssen. Der Entschluß war fällig, Hand in Hand die politische Union mit der Währungsunion zu starten. Statt dessen wurde sogar das unleugbare Risiko für die gemeinsame Währung in Kauf genommen: Der monetäre Zwang des Euro soll den notwendigen Grad von gemeinsamer Wirtschafts- und Steuerpolitik erreichen, zu dem sich seine Politiker nicht durchringen konnten. Na, hoffentlich!

Mitte der sechziger Jahre hat Willy Brandt mich einmal freundlich gerügt, ich traute Europa zu wenig. Es werde seine Einheit (damals handelte es sich um sechs Staaten) schon noch erreichen. Ich hielt das nur unter einer Bedingung für möglich: Wenn wir die Amerikaner nach Hause schickten, dann würde sich Europa zusammenzittern, um der Bedrohung durch die Sowjetunion gewachsen zu sein. Aber die ist nun weg. Nach der Auflösung des Warschauer Paktes, spätestens nach dem Wunder der friedlichen Implosion der Sowjetunion, hätte Europa Amerika danken können für den Schutz, den es unter eigener Gefährdung mehr als vierzig Jahre gegeben hat, und selbstbewußt erklären können: In der neuen Lage übernehmen wir die Verantwortung für unsere Sicherheit selbst. Woher soll heute der Druck kommen, ohne Angst? Nur durch die plötzliche Einsicht in die Stichhaltigkeit der alten Argumente, es sei für jeden besser, nun schnell die politische Union zu formen? Das ist sehr unwahrscheinlich.

Si j'étais roi lautet der Titel einer kaum noch gespielten Oper von Adolphe Adam. Wenn ich nicht König, aber Präsident der Vereinigten Staaten wäre, würde ich denken: Seit mehr als vierzig Jahren hören wir von der europäischen Integration. Seit der militärische Ansatz zu einer europäischen Armee 1954 in Paris gescheitert und die Versuche zu einer europäischen Verfassung steckengeblieben sind, ist der alte Kontinent bescheidener geworden und hat eine Wirtschaftsgemeinschaft entwickelt. Das ist nicht schlecht, eher Ent- als Belastung für Amerika. Welch ein Glück, daß wir nicht gewartet und den Europäern nicht geglaubt haben, sie würden Ernst machen und wirklich mit einer Stimme sprechen. Das wird nicht geschehen, solange ich im Weißen Haus sitze. Und meinem Nachfolger, dem ich auch zwei Amtsperioden wünsche, werde ich sagen: Du kannst ruhig auch weiterhin öffentlich verkünden, daß die USA sich ein starkes Europa wünschen, das verbunden mit uns durch gemeinsame Werte mehr Verantwortung in der Welt übernimmt. Befürchten mußt du diese Revolution nicht. Aber ich brauche ihm das nicht zu sagen, denn er weiß es schon. Und er wird wie meine Vorgänger klug genug sein, jedes mitleidige Lächeln über die Europäer zu unterdrücken, aber handeln, wie es unseren Interessen entspricht. Ich werde ihm empfehlen, dabei möglichst zu vermeiden, was ein paarmal passiert ist, nämlich zu entscheiden, ohne sie zu fragen oder nur zu unterrichten. Das ist so die Verführung der Gewohnheit. Dann grummeln sie und tun beleidigt, aber ernste Konsequenzen hat das nicht: Die liebenswerten Europäer sind zu verliebt in ihre Nationalstaaten, als daß sie außen- und sicherheitspolitisch ihre Souveränität in überschaubarer Zeit auf die Europäische Union übertragen werden. Der US-Präsident könnte hinzufügen: Schon vor zwanzig Jahren hat Kissinger sarkastisch festgestellt, Europa hat keine Telefonnummer.

Die internationale Handlungsfähigkeit Europas verlangt einen Qualitätssprung: Die Aufgabe nationaler Souveränitäten zugunsten eines übernationalen Organismus', der außen- und sicherheitspolitisch entscheidungsfähig ist und das definierte Interesse Europa verfolgt. Anders wird ein ebenbürtiger Partner gegenüber Amerika nicht entstehen, der für keine Region auf dem Globus militärisch Furcht auslösen und gerade deshalb attraktiv wie aktiv werden kann.

Die USA haben es vorgemacht: Ein internationales Wesen braucht die Kompetenz über Außenpolitik, Streitkräfte und Geld. Ist sie vorhanden, können seine Mitgliedsstaaten ihr Eigenleben pflegen; sie bilden selbst mit erstaunlichen Rechten gegenüber der Föderation und ihrem Präsidenten eine Einheit. Europa will sich nun wenigstens eine Währung schaffen, scheut aber die Bezeichnung »Föderation« oder »Konföderation« und leidet unter der Heuchelei, sich »Union« genannt zu haben, obwohl es noch gar keine ist. Vielleicht wäre es ein Ausweg, als Ziel, die »Vereinigten Staaten von Europa« zu formulieren, die ihre Nationalstaaten weder abschaffen wollen noch können und die den Nachteil gegenüber Amerika, die Vielfalt der Sprachen, sich als etwas kostspieligen Reichtum leisten. Das aber verlangt einen Qualitätssprung zu einer Regierung unter Kontrolle des Parlaments mit Nationalstaaten, die zu Ländern ohne letzte Entscheidung über Außen-, Sicherheits- und Währungspolitik werden. So etwas steht außerhalb jeder Aktualität, geschweige denn auf irgendeinem Terminkalender auch nur zu informeller Erörterung.

Präsident Mitterrand hat mir einmal gesagt: Solange

wir es nicht einmal fertigbringen, einen eigenen Aufklärungssatelliten zu schaffen, sondern abhängig von dem bleiben, was uns die Amerikaner sagen oder verschweigen, ist das Gerede über Europa Kindergeschwätz.

Bezeichnenderweise schickt sich Europa an, auf einem einzigen Gebiet über seinen Schatten zu springen. Das Wagnis des Euro verspricht weiteres Wohlergehen. Könnte es sein, daß die Pflege des Bauchs den Europäern mehr wert ist als der Sinn für Unabhängigkeit und Selbstverantwortung in globalem Rahmen? Sind die Schatten früherer Größe in Paris und London noch immer übermächtig, fällt der Abschied vom nationalen Stolz nördlich wie südlich des Kanals zu schwer? Ist noch immer nicht gelernt, daß die Interessen der Nation am besten in Europa aufgehoben sind? Verpaßt Europa die Chance, eine ihm gemäße Rolle auf der Welt wahrzunehmen? Ist seine Kraft erschöpft, unfähig der Kühnheit von Ideen und Visionen, geschrumpft auf die Ziele von Krämern? Dann genügt freilich eine Wirtschaftsgemeinschaft nebst allem, was sie braucht, um diesen Zweck zu erfüllen.

Die NATO, die auf Nationalstaaten ausgerichtet ist, wird in letzter Konsequenz zum Gegner der gemeinsamen europäischen Außen- und Sicherheitspolitik: Ist die EU einig, fehlen ihr die Mittel. Machtpolitisch ist die NATO entscheidend. Die EU kann gar nicht, solange sie fragen muß, und kann nicht fragen, solange sie uneinig ist.

Eine Katastrophe wäre es nicht, wenn Europa so bequem und angenehm weiterlebt, im verläßlichen Schutz der Führungsmacht, die man genießen und kritisieren kann. Es gibt Schlimmeres als das luxuriöse Protektorat mit so großzügiger Mitbestimmung, in dem Europa existiert und in dem die amerikanischen Stützpunkte doch wirklich nicht weh tun.

Es könnte sein, daß die mangelnde Handlungsfähigkeit Europas dem vitalen Interesse entgegensteht, die Stabilität Gesamteuropas zu erreichen. Deshalb sollte die Handlungsfähigkeit, die Souveränität Europas, herausragendes Ziel bleiben. Solange es sie nicht gibt, ist es auf den Umwegen und mit den Instrumenten anzustreben, die es gibt.

Vertiefung und Erweiterung

Wenn sechs Firmen ihre Kräfte bündeln, um ein marktgerechtes neues Produkt zu entwickeln, mit dem Namen EWG, und feststellen, daß sie eine siebente brauchen (Großbritannien), und sich zwei weitere (Dänemark und Irland) anschließen, dann verlangt das eine Durchorganisation der neuen Konzernleitung. Nachdem dies einigermaßen geschafft ist, klopfen dreizehn Jahre später drei weitere (Griechenland, Portugal und Spanien) an, treten bei und verbreitern nicht nur die Produktpalette, sondern die Führungsebene. Die Firma benennt sich um und heißt nun EU, schafft es aber nicht, eine Union zu werden und ihre Leitungsebene zweckmäßig durchzuorganisieren; das Prinzip der Einstimmigkeit in wichtigen Fragen scheint unüberwindbar. Neun Jahre später nimmt man gern drei weitere Wohlhabende auf (Finnland, Österreich und Schweden). Nun besteht der Konzern aus fünfzehn, die früher selbständig waren, die die Vorteile der qualitativen engen Zusammenarbeit erfahren, dabei unausweichlich unselbständiger werden, aber die Embleme ihrer alteingeführten Firmen weiterhin pflegen. Inzwischen haben zehn neue Aspiranten den

Beitrittsantrag gestellt, und vier weitere warten schon seit langem.

Von der alten Philosophie sind nur noch die Wörter übriggeblieben: Integration und Union; der Glaube ist verlorengegangen, daß fünfzehn schaffen könnten, was sechs nicht geschafft haben. Weil die Konzernleitung unbedingt reformiert werden muß, andererseits das alte Versprechen an die osteuropäischen Völker nicht gebrochen werden darf, man erwarte sie, sobald sie frei seien und beitreten wollen, wird eine neue Philosophie entwickelt: vertiefen und erweitern. Welch eine schöne Beschwörungsformel!

Weil auch ihre gebetsmühlenhafte Wiederholung die Erfahrung nicht löschen kann, daß Einstimmigkeit unter fünfzehn eher herzustellen ist als unter zwanzig, ist die praktische Entscheidung getroffen worden: erst Vertiefung, dann Erweiterung. Erst neue Clubregeln, bevor weitere Mitglieder in Kenntnis der neuen Regeln eintreten, sofern sie die Aufnahmebedingungen erfüllen. Aber damit sind die Schwierigkeiten noch nicht gelöst, die fünfzehn zu einer Führungsstruktur zu bewegen, die auch bei Erweiterung funktioniert. Bei all dem wird das globale Tempo nicht langsamer. Die Welt wartet nicht auf Europa.

Der Problemstau hat sich nicht nur bei der Führungsfähigkeit gebildet. Die Reform der Agrar- und Strukturpolitik, der Finanzen steht an; die Währungsunion, die offensichtlich nicht für alle Mitglieder erreichbar ist, wird die Gemeinschaft in zwei Gruppen spalten; die Unterschiedlichkeit der Länder in der Warteschlange ist größer als je zuvor, wenn man nur an Zypern und Estland denkt.

Die Vorstellung von Demokratie und Marktwirtschaft in den einzelnen osteuropäischen Ländern sind durchaus nicht gleich.

Die Diagnose ist einfach: Die EU steckt in einer Krise. Weder ihr blühendes Aussehen, erst recht nicht der Andrang auf sie mit der Perspektive, daß ihre Gründungsmitglieder nur noch ein Viertel der Gemeinschaftsmitglieder umfassen werden, können die schleichende Krise verbergen. Die EU muß sich über ihren Charakter und ihre Ziele klar werden. Verändern wird sie sich jedenfalls. Zweckmäßige Wohlstandsregion oder Weltmacht? Sogar im ersten Fall sind tiefgreifende Reformen zwingend.

Aber so genügsam will die EU ja nicht bleiben. Sie hat sich vorgenommen, eine gemeinsame Außen- und Sicherheitspolitik zu entwickeln. Doch diese GASP ist ein Witz. Sie bezeichnet etwas, was es nicht gibt, aber geben sollte. Nach vielen Jahren der schönen Worte haben sich die Regierungs- und Staatschefs eine kleine Gruppe genehmigt, sie haben eine Art Planungsstab beschlossen, der nichts beschließen, aber analysieren und raten kann, was seine Chefs beschließen sollten. Keine Kosmetik kann den Mangel an Substanz verdecken. Solange die GASP laboriert, machen die Einzelstaaten weiter – und die USA erst recht.

Die Westeuropäische Union (WEU) soll der Verteidigungsarm der EU werden, muß sich die Streitkräfte dafür von der NATO borgen und bekommt sie, wenn die Amerikaner zustimmen; die europäischen Kinder sollen keinen Unsinn machen dürfen, den die Supermacht dann auslöffeln müßte. Die WEU kann nicht souveräner als die EU sein.

Soweit es gelingt, die Politik der Nationalstaaten auf dem kleinsten gemeinsamen Nenner zu koordinieren, wird das dann hochtrabend europäische Politik genannt. Das reicht nicht einmal bis ins ehemalige Jugoslawien. Vor der eigenen Haustür traut sich die EU nicht zu, die Aufgaben allein zu übernehmen, wenn die Amerikaner im Sommer 1998 von dort abziehen. Die einzelnen Staaten koordinieren, wann ihre Botschafter in den Iran zurückkehren, aber die EU hat keine Iran-Politik. Man hat nichts dagegen, daß ein Vermittler der EU am Nachmittag kommt, bemerkte nachsichtig Shimon Peres kürzlich, wenn am Vormittag schon ein amerikanischer Vermittler da war; es sei weniger ein Problem Israels, sondern der Diskussion zwischen den USA und der EU. Beispiele im Mittleren Osten, in Mittel- und Ostasien, in Afrika ließen sich dutzendweise zusammenstellen: Ein wirtschaftlicher Riese und politischer Zwerg erhebt Anspruch, als übernationale Macht ernst genommen zu werden. Da die Welt höflich ist, lacht sie nicht.

Ein – vielleicht *der* – Ausweg aus dem Labyrinth der europäischen Probleme könnte gefunden werden, wenn Frankreich und Deutschland sich einig würden. Es könnte der Archimedische Punkt sein, wenn diese beiden Länder sich über Charakter und Ziel der EU verständigten. Dazu ist ein intimes und offenes Gespräch erforderlich.

Es müßte Tabuzonen beseitigen. Es müßte die Kernfrage stellen: Ist es geschichtlich nicht an der Zeit, eine europäische Souveränität zu schaffen? Vereinbaren beide Länder dieses Ziel, das von jedem der beiden den Bruch eines Tabus verlangt? Von Frankreich die Teilaufgabe seines Souveränitätsanspruchs, von Deutschland die Aufgabe einer Politik, die im Zweifel immer für Amerika entscheidet.

Ob Frankreich zu einem solchen Qualitätssprung fähig ist, den die Kohabitation vielleicht erleichtern mag, kann nur Paris beantworten. Im Bewußtsein seiner ungebrochenen nationalen Identität kann es sogar mehr als vierzig Jahre nach der Ablehnung der Europäischen Verteidigungsgemeinschaft (EVG), die auf dem Gebiet der Sicherheit im Kern dasselbe wollte, noch immer zu früh sein, trotz der unvergleichlichen Lage ohne militärische Bedrohung heute. Das Argument, daß Frankreichs Souveränität nur in der europäischen Souveränität zu bewahren ist, leugnet nicht, daß Frankreich psychologisch den wohl etwas größeren Teil des Weges zu gehen hätte. Das bedeutet aber: Paris entscheidet, und Frankreich hat den wohl größeren Teil der Verantwortung für das weitere Schicksal Europas.

Für Deutschland ginge es um Dankbarkeit und Erfahrung. Die Dankbarkeit braucht nicht aufgegeben zu werden, aber die Erfahrung, sich auf Amerika verlassen zu können, wiegt schwer. Ohne diesen Rückhalt hätte Deutschland, vielleicht sogar Europa, politisch nicht frei überlebt. Deutschland hat sich sehr daran gewöhnt und ist schließlich nicht schlecht damit gefahren, sich immer an die Seite des Stärkeren zu stellen. Gestattet die heutige Lage eine Emanzipation Europas, die es ohne Emanzipation Deutschlands nicht geben wird? Insoweit ist Deutschland verantwortlich für das weitere Schicksal Europas.

Die Analyse kommt zu dem Ergebnis, daß die Sicherheitslage die Emanzipation gestattet. Europa braucht Amerika nicht mehr zu seinem Schutz vor einem Gegner, den es nicht mehr gibt. Wenn nicht in dieser Lage, wann soll dann überhaupt noch ein souveränes Europa geschaffen werden? Was soll und kann denn noch geschehen, damit Europa sich auf die eigene Kraft besinnt? Wie will ein Europa gehen lernen, das die amerikanischen Krücken nicht entbehren will?

In einem intimen und offenen Gespräch kann Frankreich die Perspektive eines Europa ohne amerikanische Präsenz zeigen. Das braucht für Deutschland kein Schreckgespenst zu sein. Ist es nicht unnatürlich, sich Dutzende von amerikanischen Stützpunkten ohne zeitliche Begrenzung auf dem Kontinent vorzustellen und gleichzeitig von einer Selbstbestimmung Europas zu sprechen und dabei das einzige Gebiet der Sicherheit stillschweigend zu übergehen?

Außerdem würde die Emanzipation Europas keine feindliche, dominierende Macht im Sinne der amerikanischen nationalen Interessendefinition entstehen lassen. Die französische Vorstellung, die EU zu einem »Macht-Pol« zu entwickeln, schafft keine Bedrohung der USA. Transatlantische Verbindungen und demokratische Wertvorstellungen blieben stark genug, um ein präferentielles Verhältnis zu garantieren bis hin zu dem atomaren Schirm der USA, der hoffentlich nie funktionieren muß. Das Interesse an einem stabilen Europa ist auch in Amerika groß. Die Emanzipation Europas würde also zu einer Entlastung Amerikas führen, das Bündnis auf zwei Pfeiler stellen mit der Konsequenz der größeren europäischen Verantwortung und einer Regelung, unter welchen Voraussetzungen amerikanische Streitkräfte auf dem Gebiet der EU eingesetzt werden könnten, was nicht mehr nötig sein sollte. Dabei weiß jeder, daß die Dominanz der einzigen Supermacht unberührt bleibt. Sie wird nicht weniger mächtig, wenn Europa seine Souveränität findet, statt nach seiner Identität zu suchen.

Das zweite Thema des intimen und offenen Gesprächs müßte die vitalen Interessen beider Länder klären. Die überragende Bedeutung der gesamteuropäischen Stabilität aus deutscher Sicht begegnet nicht nur grundsätzlich französischen Erklärungen, die in die gleiche Richtung gehen; auch die Logik wird von Paris zu teilen sein, daß gesamteuropäische Stabilität und europäische Emanzipation sich ergänzen, sogar bedingen. Neue Spannung oder gar potentielle Konfrontation zwischen Rußland und dem Westen erhöhen Schutzbedürfnis und Abhängigkeit Europas von Amerika. Jede sicherheitspolitische Teilung Europas schwächt die globale Chance Europas.

Der Schulterschluß Frankreichs und Deutschlands ist außerdem geeignet, schleichende Sorgen in beiden Ländern verschwinden zu lassen: an der Seine vor einem unkontrollierbaren Hang der Deutschen nach Osten, an Rhein oder Spree vor unkontrollierbaren französischen Neigungen zum Mittelmeerischen. Meist Unausgesprochenes, durch die Geschichte und Geographie Erklärbares, das zwischen beiden Ländern mitschwingt, kann durch den Schulterschluß entmystifiziert werden. In aller Nüchternheit: Frankreich und Deutschland zusammen sind fähig, wie sonst keine Kombination von Staaten, die Spannungen aufzulösen, die nun einmal zwischen der Osterweiterung der EU und ihrem Süden bestehen.

Wäre es möglich, die Vokabel von jeglichem negativen Beigeschmack zu befreien, müßte von einer deutsch-französischen Achse gesprochen werden. Nicht weniger ist wünschbar. Weil sie keinerlei bedrohliche hegemoniale Aspekte enthält, würden einige Staaten feststellen, daß sie im europäischen Interesse zu unterstützen ist, andere würden abwarten, wie solide sie ist, bevor sie als feste Größe kalkulierbar einladend wirkt.

Der letzte Satz zielt besonders auf Großbritannien. Seit Brandt und Pompidou im Herbst 1969 die Sperre aufgehoben haben, mit der de Gaulle England von der Mitwirkung in der Europäischen Gemeinschaft ausgeschlossen hatte, hat es sich zu einer Politik der Mitgestaltung entschlossen, um Fehlentwicklungen zu verhindern. Nicht mit Theorien oder kühnen Konzepten, sondern mit ihrem pragmatischen Sinn für Macht und Nützlichkeit haben die Engländer ein Reich gebaut, in dem die Sonne nicht unterging, und eine Welt von Nationen geprägt, deren Gemeinschaft (Commonwealth) unvergleichbar geblieben ist. Sie zeugt von der großartigen Haltung, mit der England seine koloniale Geschichte hinter sich gelassen hat. Die Tradition der angelsächsischen Demokratie stellt ein Element dar, auf das Europa nicht verzichten sollte und möchte.

Wer die Politik Londons von Thatcher über Major bis Blair verfolgt, gewinnt den Eindruck, daß England sich noch immer als atlantischer Manager oder Makler sieht, Europa mit dem traditionellen Sinn für Gleichgewicht betrachtet und der wirtschaftlichen Erweiterung einen höheren Stellenwert als der Vertiefung gibt. Die Briten scheuen davor zurück, sich innerlich zu entscheiden und ohne Reserven und Rückhalt ihr Schicksal in der politischen Union Europas, vielleicht gar in einer möglichen Weltmachtrolle zu suchen. Mindestens brauchen sie dafür mehr Zeit, als sogar der Euro-Geleitzug sich gesetzt hat. Das ist schade. Wenn nicht noch mehr Zeit für Europa verlorengehen soll, bleibt gar nichts anderes, als deutsch-französische Fakten zu schaffen in der Hoffnung, daß England, pragmatisch wie bisher, sich einer qualitativ neuen europäischen Einheit beigesellen wird; denn wenn es kein Teil Amerikas werden will, kann es letztlich nur ein Teil Europas werden.

Der Preis für eine deutsch-französische »Entente intime et cordiale« ist unausweichlich: In der EU werden sich zwei Gruppen bilden, jedenfalls für eine mittelfristige Übergangsperiode. Aber im Prinzip ist diese Entscheidung durch die Währungsunion bereits gefallen. Sie schafft eine unterschiedliche Dichte in der EU. Ist der unvermeidbar damit verbundene Souveränitätsverlust nur für das Gebiet der Währungen erträglich, für das Gebiet der politischen Handlungsfähigkeit unannehmbar? Ist die Kalkulation nur bei den Währungen erlaubt, daß die meisten Staaten sich bemühen werden, der Währungsunion möglichst bald beitreten zu können? Ist nicht Gleiches zu erwarten, wenn Frankreich und Deutschland sich fähig und entschlossen zeigen, Europa fit zu machen, um seine Interessen im nächsten Jahrhundert wahrzunehmen?

Die Regierungswechsel in Madrid, Rom, London und Paris in den beiden letzten Jahren haben bewiesen, wie prägend die außen- und sicherheitspolitischen Bedürfnisse der Staaten bleiben. In Bonn wird es nicht anders sein, wenn im Herbst 1998 die Regierung Kohl abgelöst wird.

Die nordatlantische Sicherheitsstruktur erhalten

Es ist selten, daß ein Bündnis überlebt, wenn es seinen Zweck erfüllt hat. Die NATO hat schneller als andere Institutionen und Regierungen nach dem Ende des Ost-West-Konflikts erkannt, daß sie sich neue Aufgaben suchen muß. Den Feind zu verlieren, stellt eine ernste Bedrohung für eine Organisation dar, die davon abhängig ist, wieviel Geld ihr die Parlamente zubilligen. Damals träumte man von Friedensdividenden oder warf sogar die Frage auf, wieviel Streitkräfte in dem nun zu erwartenden Zeitalter des Friedens überhaupt noch gebraucht würden.

Wer mit den Instrumenten der Macht umgeht und in den entsprechenden Kategorien zu denken gelernt hat, findet die Perspektive der Zusammenarbeit mit den Gegnern von gestern leichter als solche Politiker, die in den neuen Partnern immer noch nach den Relikten ihrer kommunistischen Prägung forschen. Die Ausrichtung des Bündnisses auf eine Partnerschaft des Friedens sollte eine neue NATO schaffen.

Von der alten NATO ist die Definition ihres ersten Generalsekretärs Lord Ismay übriggeblieben: Sie soll die

Amerikaner »in« Europa, die Deutschen »unten«, also kontrolliert, und die Russen »draußen« halten. Es ist bemerkenswert, wie unbeschädigt Machtdenken den Epochenwechsel überstanden hat. Nachdem die Russen wie die anderen Drei Mächte ihre Siegerrechte in der Mitte Europas verloren haben, bildet die NATO die einzige völkerrechtliche Grundlage für die physische Präsenz der USA in Europa.

Die fortdauernde Dominanz der USA in Europa entspricht ihren globalen Interessen. Das wurde vor dem Golfkrieg deutlich; der schnelle Aufmarsch für den »Wüstensturm« wäre ohne die in Deutschland stationierten Streitkräfte und die Infrastruktur der NATO nicht möglich gewesen. Es kann nicht überraschen, daß Washington an dieser Lage grundsätzlich nichts ändern möchte. Erweiterungen durch neue Mitglieder sind nur in einem Umfang und Tempo zuzulassen, sofern sie »verdaubar« sind und die hegemoniale Stellung der USA nicht gefährden.

In der Konsequenz muß deshalb eine Mitgliedschaft Rußlands bis auf weiteres ausgeschlossen werden; denn eine weitere Großmacht würde Mechanismen und Manövrierbarkeit des Bündnisses durcheinanderbringen, mindestens unübersichtlich machen. Die Existenz einer in ihrer Ausweitung begrenzten NATO führt logisch zur sicherheitspolitischen Teilung Europas, also dem Gegenteil dessen, was aus europäischer Sicht wünschenswert ist. Die gegenwärtige Politik der NATO widerspricht der Vorstellung, Europa zwischen Lissabon und Wladiwostok als Einheit anzustreben. Die NATO, Kind des Kalten Krieges, bleibt ein Element der europäischen Spaltung, solange sie nicht die Organisation gesamteuropäischer Sicherheit wird und sich dann auch umbenennt.

Wenn Präsident Clinton in weiter Sicht die Einbeziehung Rußlands für möglich erklärt hat, so bedeutet das zweierlei: Zum einen räumt er ein, daß gesamteuropäische Sicherheitsstabilität die Beteiligung Rußlands verlangt, zum anderen ist diese gesamteuropäische Stabilität kein kurz- oder mittelfristiges Ziel Amerikas. Das deutsche vitale Interesse ist kein vitales Interesse Amerikas. Entsprechendes gilt, soweit das europäische Interesse mit dem deutschen übereinstimmt.

Es soll an dieser Stelle unerörtert bleiben, ob die partielle Ausweitung der NATO diesen Widerspruch der Interessen auflösen kann. Das Bündnis bleibt ungeachtet latenter Unterschiedlichkeit der Interessen dennoch ein überragender Stabilitätsfaktor mit Ausstrahlung auch auf die benachbarten Regionen, militärische Rückversicherung für alle denkbaren Fälle und unentbehrlich, solange es Besseres nicht gibt.

Solange es Besseres nicht gibt: Die NATO erfreut sich vergleichbarer Probleme wie die EU und laboriert an ihnen. Der Andrang der Staaten, die beitreten wollen, ist größer als die Aufnahmefähigkeit. Außerdem wäre es töricht und aussichtslos, Stabilität für Europa ohne die Beteiligung der Supermacht zu versuchen. Das Ergebnis dieser Überlegungen spricht für den Erhalt des Bündnisses. Der Schulterschluß würde die volle Reintegration Frankreichs in die NATO erleichtern, weil die gemeinsame Politik beider Länder den europäischen Einfluß erhöhen würde.

Vergeßt nicht die Atomwaffen!

Seit dem Ende des Ost-West-Konflikts hat die atomare Bedrohung entscheidend abgenommen. Das vereinte Deutschland ist nicht mehr Gegenstand eines begrenzten atomaren Schlagabtauschs, der für das geteilte Land überlegt worden war. Der Alptraum ist weg, nachdem die taktischen Kurzstrecken- und Mittelstreckenwaffen überflüssig geworden sind. Obwohl wir noch immer kein vollständig atomwaffenfreies Land geworden sind, hat sich atomwaffenfreies Denken schon eingestellt.

Das ist falsch. Die großen Arsenale sind reduziert, jedoch immer noch ausreichend, um die Welt zwar nicht mehr dreißigmal, aber wenigstens achtzehnmal in die Luft zu blasen. Die atomaren Schwerter werden scharf gehalten, die Mittel zur Beförderung gepflegt und verbessert, Modernisierung und Tests in die Labors verlagert. Es entbehrt nicht eines komischen Zuges, wenn die alten Gegner sich versichern: Wir nehmen euch aus der Zielplanung heraus, wir entschärfen die Köpfe, wir senken die Alarmstufen, wir treffen Vorkehrungen, um Überraschungen unmöglich zu machen, wir lassen kontrollieren, was zur Zerstörung vereinbart wurde, wir garantieren das Ende der akuten Bedrohung; aber die Waffen bleiben in ausreichender Zahl. Was ausreichend ist, kann nur beiderseits vereinbart werden.

Da sind sie noch, die beiden Seiten. Damals waren sie entschlossen, ihre Waffen im Ernstfall zu benutzen; heute sind sie überzeugt, sie nicht mehr benutzen zu müssen. Die Waffen haben ihren militärischen Wert fast verloren, ihren politischen Wert behalten. Die beiden Supermächte wurden im Angesicht der gesicherten gegenseitigen Zerstörung und ihrer einzigartigen Verantwortung fast zu Komplizen. Solange sie atomar die Gewichte in der Balance hielten, brauchten die Bündnisse nicht zu funktionieren, blieb der Krieg garantiert kalt. Heute haben sie das gleiche Interesse behalten, die Ausbreitung von Atomwaffen und die Entstehung neuer Atomwaffenstaaten zu verhindern und ihre Privilegien zu erhalten. Das amerikanische Interesse ist stark genug, den Russen materiell zu helfen, wo es um atomare Abrüstung geht, das der Russen stark genug, sich helfen zu lassen.

Man will mit den Waffen nicht mehr drohen, aber sie behalten. Die Abschreckung hat ihren Schrecken verloren, aber existiert weiter. Die Waffen sind Macht-Attribute, auf die ihre Besitzer nicht verzichten wollen. Amerika, Rußland, China, Großbritannien und Frankreich folgen dem Diktum de Gaulles, daß die Verfügung über Atomwaffen der letzte Ausdruck der Souveränität eines Staates ist, mit keinem anderen zu teilen, auch nicht mit dem besten Freund. Das wird so bleiben, solange es Atomwaffen gibt.

1987 bekannte Helmut Schmidt, die NATO-Strategie mit dem atomaren Ersteinsatz gegen einen konventionellen Angriff aus dem Osten sei nicht überholt, sondern Unsinn. Diese Strategie habe ihn nie überzeugt. Acht Jahre früher kam Kissinger zu einem ähnlichen Ergebnis: Die USA würden niemals einen Atomschlag gegen die Sowjetunion beginnen, egal, welche Provokationen die Sowjetunion machen würde. Robert McNamara bekannte, er hätte als Verteidigungsminister ohne Einschränkung empfohlen, unter keinen Umständen mit dem Gebrauch von Atomwaffen zu beginnen: »Ich konnte keine öffentliche Diskussion beginnen, weil sie der beschlossenen NATO-Politik widersprechen würde.« Den gefährlichen Unsinn gibt es heute noch, inzwischen ergänzt durch die neue unsinnige russische Überlegung, der NATO ähnlich das Recht zum Ersteinsatz im Fall der Fälle ankündigen zu wollen. Man kann hohe Summe wetten, daß Politiker und Generale der Gegenwart wie in der Vergangenheit denken und ihre Einsicht erst nach Rücktritt oder im Ruhestand verkünden werden. Aber auszurotten ist der Unsinn nicht. Keine öffentliche Diskussion über die nicht einsetzbaren Atomwaffen wird daran etwas ändern.

Ihre Abschaffung zu fordern, ist edel und aussichtslos. Das Wissen um ihre Herstellung ist nicht mehr in eine Truhe des Vergessens zu sperren, und keine Atommacht wird sich der Gefahr aussetzen, durch einen bisherigen Habenichts oder einen Unverantwortlichen erpreßt zu werden. Das könnte sich vielleicht mit der gleichzeitigen Entwicklung genauerer, wirksamerer, qualitativ neuer Waffensysteme verändern, die fähig sind, Atomwaffen zu überwinden und geschichtlich schrottreif zu machen. Etwa an exotischen Programm-Killern oder

Vakuum-Geschossen oder Mitteln, die Menschen nicht töten, aber paralysieren, für Stunden oder Tage. Daran wird gearbeitet. Wer dabei zuerst erfolgreich wird – und das braucht ja kein Atomstaat zu sein –, wird wahrscheinlich der Versuchung nicht widerstehen, solche Waffen zuerst ins eigene Arsenal aufzunehmen. Die Welt wird dann wahrscheinlich ihre relative atomare Stabilität verlieren und wieder eine ziemlich gefährliche Periode zu überstehen haben. Das entzieht sich der Vorsorge.

Die Perversion des Denkens, wie sie sich im Bau der Neutronenwaffe gezeigt hat, ist mit dem Ende des Ost-West-Konflikts leider nicht gestorben: Um die kostbaren Werte zu erhalten, die Menschen geschaffen haben, wird im Grunde überlegt, wie man Menschen, die es bekanntlich im Überfluß gibt, töten oder ausschalten kann; es ist komplizierter und teurer, präzisere Technik als Menschen zu produzieren. Das führt zu der Sinnfrage: Wozu sind wir, die Menschen, da? Doch diese Frage lenkt zu sehr von den Realitäten ab.

Vorstellbar ist, daß die fünf Atommächte ihre Arsenale ihrem Gewicht entsprechend so reduzieren, daß zuletzt tausend Sprengköpfe übrigbleiben, genug, um menschliches Leben vielleicht »nur« einmal auszulöschen, je vierhundert für die beiden Großen, wenn mit den drei »kleineren« die Quoten der ihnen vorbehaltenen zweihundert zu vereinbaren sind. Wenn das im nächsten Jahrzehnt erreichbar wäre, könnte es möglich werden, daß die fünf Atommächte einen Pool bilden, die Ziffern noch einmal halbieren, die allseitige Kontrolle im Interesse der Sicherheit voreinander regeln und gemeinsam die Sicherheit aller nichtatomaren Staaten garantieren gegen Druck, Bedrohung oder Erpressung mit Massenvernichtungsmitteln, durch welchen Staat auch immer. Unter einem solchen System mit fünfhundert Atomwaffen könnte die Welt leben, als ob es Atomwaffen praktisch nicht gäbe.

Solange statt dessen Washington und Moskau versuchen, in gegenseitiger Kontrolle ihre strategischen Waffen in weiteren Schritten zu reduzieren, bis ein Niveau erreicht ist, bei dem die anderen drei bereit wären, ihre Arsenale in eine weitere Verringerung einzubringen, wird ihr Verhältnis zueinander von der Wahrung prinzipieller Ebenbürtigkeit bestimmt bleiben. Rußland wird alle Kraft darauf verwenden, seine Zweitschlagsfähigkeit zu erhalten, um ernstzunehmender Gesprächspartner Amerikas zu bleiben. Rußland trennt dazu seine »Raketen- und Weltraumabwehrstreitkräfte« von der insoweit zu vernachlässigenden Masse der übrigen konventionellen Streitkräfte ab. Die beiden Atomgroßmächte werden China im Auge behalten und Großbritannien und Frankreich um so mehr respektieren, je relevanter deren atomare Mittel bei fortschreitender Reduktion der amerikanischen und russischen werden. Der atomare Machtfaktor für die Politik dieser fünf Staaten darf nicht übersehen werden. Er spielt jedenfalls in ihrem Denken eine größere Rolle als in ihren öffentlichen Äußerungen.

Was bedeutet das für die deutschen Interessen? Unmittelbar sind wir an diesem Spiel nicht beteiligt. Diejenigen Staaten, die über diese Waffen verfügen, werden sie modernisieren, ihre Einsatzfähigkeit verbessern, verkleinern, verringern, wie es ihnen zur Wahrung ihrer Ansprüche und ihres internationalen Gewichts richtig erscheint. Es wird auch keine »europäischen« Atomwaffen geben. Der Charakter der Waffen verlangt ihren Verbleib in nationaler Kompetenz. Chiracs Andeutung zu einer Kooperation braucht nicht nachgegangen zu werden; im Kern ist darin nicht mehr enthalten als jene Information und Zielabstimmung, die schon in der nuklearen Planungsgruppe der NATO Praxis geworden ist. Jede Neuauflage wäre entwürdigend wie jene gescheiterte amerikanische Idee der sechziger Jahre, die übernationale NATO-Schiffe vorsah, auf denen, natürlich, die Amerikaner über den Kurs des Schiffes und die Waffen bestimmen, während andere, darunter die Deutschen, als Matrosen oder Köche dienen sollten.

»Laß doch dem Kind seine Buletten, wenn's och damit manscht«, sagt der Berliner Volksmund. Der beschreibt nicht nur eine Politik des Vergnügens an Dingen, welche wir nicht kriegen, sondern die klare und bewußte Politik eines nichtatomaren Staates, der insoweit die Interessen aller anderen nichtatomaren Staaten teilt.

Deren Souveränität beschränkt sich atomar auf die Verfügung über ihr Territorium. Sie könnten sich auf das Ziel verständigen, keine Atomwaffen auf ihrem Gebiet mehr zuzulassen. Es ist legitim, zu verlangen, daß die Atommächte die Sprengköpfe auf ihrem Territorium, auf See oder in der Luft belassen, sich selbst der Gefahr aussetzen, Ziel zu sein, statt dafür Objekte auf fremdem Gebiet zu behalten. Der Grundsatz: Keine Atomwaffen in Staaten, die nicht darüber verfügen, ist in Deutschland nicht verwirklicht.

Zur Zeit existiert die größte amerikanische Lagerkapazität auf vier deutschen Flugplätzen; je einen gibt es in England, Belgien, Italien und den Niederlanden. Inzwischen wird die Südflanke stärker ausgebaut als Zentraleuropa. Die atomaren Sprengmittel werden in modernen Grüften unter den Flugzeugen gelagert, die sie tragen sollen. Die Fähigkeit zu atomarer Kriegführung gilt nun als Rückversicherung im Falle der Weiterverbreitung, also einer neuen potentiellen nuklearen Gefahr, die außerhalb Europas entsteht, oder als Vorsorge gegen das Wiedererstehen einer militärischen Bedrohung der NATO.

Die amerikanische Luftwaffe unterhält auf unserem Boden einige Dutzend atomarer Sprengköpfe. Ihr vollständiger Abzug würde die Sicherheit Deutschlands oder der NATO nicht gefährden. Da das auch für ihre Anwesenheit gilt, lohnt es gegenwärtig nicht, darüber zu streiten.

Doch die neue Lage ohne Feinde gestattet Deutschland eine Politik der atomaren Emanzipation. Wir können uns befreit von der atomaren Disziplin des Ost-West-Konflikts fühlen. Eine Politik der freien Hand ist möglich geworden, die sich mit der Mehrheit der Staaten auf dieser Welt in dem Bestreben solidarisieren kann, die Bedeutung von Atomwaffen zu minimieren, ohne die »Sorge« haben zu müssen, die atomaren Schirme, Schutz oder Bedrohung, könnten dadurch verschwinden.

Die UN stärken

Man kann unterschiedlicher Meinung sein, ob die Vereinten Nationen in die Kategorie unserer herausragenden Interessen gehören. Zur Zeit gehören sie nicht dazu.

Was kann man schon von einer Organisation erwarten, deren Haushalt nicht einmal die Hälfte dessen beträgt, was die CIA ausgibt, und die für ihre friedenserhaltenden Aktionen über weniger als zehn Prozent des Geldes verfügt, das die größte amerikanische Rüstungsfirma, Lockheed-Martin, jährlich umsetzt? Im Jahr 1992 unterhielten die UN so viele Friedensmissionen wie in ihrer ganzen Geschichte bis dahin. Der Etat dafür betrug drei Milliarden Dollar, während die Militärhaushalte der Nationalstaaten eine Billion Dollar vorsah. Womit die UN ein ganzes Jahr auskommen mußten, verbrauchten die Armeen an einem Tag.

Seine Sicherheit möchte man nicht den Vereinten Nationen anvertrauen, solange sie mehr Forum als Machtinstrument sind. Sie konnten die in sie gesetzten Erwartungen nicht erfüllen: Sie wollten ein kollektives Sicherheitssystem bilden, das Frieden für alle Staaten, große wie kleine, garantieren sollte. Dieses hohe Ziel würde erreichbar sein, sagte Präsident Truman 1945 bei der Gründung, »wenn die Regierungen es wollen«. Aber der Wille der Regierungen hat nicht gereicht, verständlicherweise nicht im Kalten Krieg und nicht seither. Noch immer ist der Sprung nicht zu erwarten, daß Regierungen sich kollektiven Entscheidungen unterwerfen und Gewaltanwendung auf das natürliche Recht zur Selbstverteidigung beschränken.

Wenn empfehlenswert ist, den UN dennoch künftig einen höheren Stellenwert in der deutschen Außenpolitik einzuräumen, so hat das mehrere Gründe. Die Vereinten Nationen sind die einzige globale Institution. Die Welt braucht sie. Die UN kann hoffen, sich zu reformieren, nun ohne durch den Ost-West-Gegensatz behindert zu werden, um etwa Verzerrungen der Marktwirtschaft zu mildern und für die Schwachen einzutreten, ob es sich um Entwicklungsländer, Minderheiten oder Menschenrechtsverletzungen handelt. Es gibt kaum ein besseres Forum für die Bundesrepublik, die militärisch nur eine mittlere Macht ist, um unsere Politik zu profilieren, Unterstützung zu gewinnen und Verständnis für unsere europäische Politik zu erweitern.

Die Konturen unseres Schwerpunkts – europäische Stabilität – passen sich nahtlos in die Notwendigkeit ein, die drängenden globalen Probleme zu regulieren. Klima- und Umweltschutz, Erhaltung der knappen Wasserressourcen, Hungerbekämpfung und anderes können Konflikte und Kriege auslösen, noch lange bevor das Überleben der Menschheit gefährdet wird. Bei aller Unterschiedlichkeit der Probleme ist ihnen gemeinsam, daß sie einer Lösung nur nähergebracht werden können, wenn Regelwerke für das Verhalten der Staaten geschaffen werden.

Seit einigen Jahren gibt es den Ausdruck »Global Governance«. Schwer übersetzbar bedeutet er im Kern, daß bei abnehmender nationaler Handlungsfähigkeit die globalen Probleme nur durch ein internationales System lösbar sind; es soll im einzelnen die Zusammenarbeit der Staaten regeln und verbindlich festlegen, wie sie ihre Entscheidungen finden. Global Governance umschreibt Welt-Ordnungs-Politik. Global Governance erkennt, daß die politische Steuerungsfähigkeit in unserer interdependenten Welt zurückgewonnen werden muß. Der Primat der Politik muß dafür sorgen, daß der Gewinn an Zins und Kursen, inzwischen als Orientierung auf den »Shareholder-Value« bekannt, nicht das Grundgesetz im globalen Dorf wird. Es geht um Strukturen in einer Welt, die zum Dschungel würde, wenn jeder Staat frei bliebe, zu tun, was er will und kann.

»Wir wollen, daß die Vereinten Nationen zum zentralen Handlungsforum der neuen Weltordnung werden«, hat Außenminister Genscher 1991 vor der Generalversammlung erklärt. Das Wollen ist gut, das Tun fehlt.

Was in Europa stimmt, stimmt auch in der Welt: Je umfassender das Regelwerk wird, um so sicherer leben die Staaten; je verbindlicher Konventionen, Vereinbarungen und Verträge werden, um so geschützter vor Willkür können die Völker existieren; je verläßlicher die Sanktionsmöglichkeit gegen Verletzungen des Regelwerks, um so eher werden sich alle daran halten, die Kleinen, aber auch die Großen. Das Gewaltmonopol des Einzelstaats schließt nicht aus, daß Gesetze gebrochen werden, aber die Gemeinschaft ist sich einig, wie Vergehen und Verbrechen zu ahnden sind. In diese Richtung muß die Welt gehen, um eine Ordnung auf unserem kleinen kostbaren Globus herzustellen. Internationales Recht an die Stelle nationaler Macht setzen – das ist Substanz deutscher Außen- und Sicherheitspolitik. Sie wird in Europa eher erreichbar sein, aber sollte eine Leitlinie für deutsches Handeln auf der globalen Ebene abgeben, erkennbar und berechenbar.

Das erfordert freilich eine neue deutsche UN-Politik. Sie kann sich befreit von Teilung und Ost-West-Konflikt als ein internationaler Faktor profilieren, der helfen will, mehr Recht und Ordnung an die Stelle von Gewalt und Macht zu setzen. Deutsche Politik sollte im Zweifel für mehr Regeln, für mehr Kompetenzen, für verbesserte Präventionsinstrumente der UN nicht nur unverbindlich plädieren, sondern abstimmen. Der Eindruck der bemühten Unauffälligkeit sollte durch Entschiedenheit abgelöst werden. Wir sollten uns nicht scheuen, an die Seite der Mehrheit zu treten, auch wenn die drei verbündeten Mächte mit Vetorecht dafür sorgen, daß sie sich nicht durchsetzt. Enthaltung, etwa in einer Nahostfrage zwischen den Arabern und Israel, ist oft nicht weise, sondern nur feige. Das Selbstlob der deutschen Zurückhaltung widerspricht der deutschen Beteuerung, die UN zu stärken. Noch immer stellen wir keine Streitkräfte bereit, um schnellere Reaktionen der Friedensbewahrung zu ermöglichen, wie andere Staaten das tun. Wie können die Vereinten Nationen gestärkt werden, wenn wir ihnen an der Seite der Amerikaner finanziell seit Jahren ein Nullwachstum bei wachsenden Aufgaben verordnen?

Trotz allem, was die Bundesrepublik lobenswerterweise tut, ist ein Gefühl der Enttäuschung bei den letzten Generalsekretären erkennbar, die meinten, Deutschland könne mehr tun als schwächere oder kleinere Staaten wie etwa Schweden, die Niederlande und Kanada. Die neue Weltordnung ist kein Ziel, das von heute auf morgen zu erreichen ist. Die deutsche UN-Politik braucht langen Atem.

Bonn ist bisher weniger mit Ideen als mit einem Anspruch hervorgetreten. Nach der Einheit hat es sich als drängender Kandidat auf einen Sitz im Sicherheitsrat hervorgetan.

Nun ist der Sicherheitsrat das mächtigste politische Gremium der UN. Er tagt ständig, kann jedes Problem aufgreifen, das den Frieden bedroht oder verletzt hat, und entscheidet, was geschehen soll – von Warnungen, über wirtschaftliche Sanktionen bis zu militärischen Aktionen. Seine Zusammensetzung mit den fünf permanenten Mitgliedern mit Vetorecht und jeweils zehn wechselnden Vertretern anderer Staaten ohne Vetorecht repräsentiert die Welt der Sieger des Jahres 1945: die USA, die Sowjetunion – abgelöst durch Rußland –, China, Frankreich und Großbritannien. Das sind »zufällig« die Atommächte, deren Interesse an der Erhaltung ihrer privilegierten Stellung sich hervorragend mit ihrer bewiesenen Verantwortung ergänzt, die Weiterverbreitung atomarer Waffen zu behindern. Aber die Welt sieht mehr als fünfzig Jahre später ganz anders aus. Die Wirklichkeit der Staatenwelt des 21. Jahrhunderts gibt die jetzige Zusammensetzung des Sicherheitsrates nicht mehr wieder. Es bedarf dringend der Ergänzung und Reform.

Wir sind wieder wer, und wir wollen dahin, wo die Musik spielt – solche Sprüche werben nicht, sondern verbergen inhaltliche Dürre. Zunächst mal an die Hebel, auch wenn nicht erkennbar ist, wofür sie benutzt werden sollen. Für die Fortsetzung einer Haltung, die Deutschland im Zweifel an der Seite der Privilegierten sieht? Wofür wollen wir den gleichberechtigten Sitz mit Vetorecht im Sicherheitsrat? Soll undenkbar bleiben, daß ein deutsches Veto eine Entscheidung verhindert, die die gegenwärtigen Vetomächte für richtig halten? Soll die Taktik von Anpassung und Zurückhaltung nur den Weg in den Sicherheitsrat ebnen oder annonciert sie die Fortsetzung der ruhigen und beruhigenden deutschen UN-Tradition?

Wenn die USA verständlicherweise auch in Zukunft die UN für ihre Interessen instrumentalisieren und als Supermacht vermeiden wollen, sich binden zu lassen, ihre Streitkräfte etwa dem Kommando der Vereinten Nationen zu unterstellen, dann widerspricht das dem deutschen Interesse, die UN als Ordnungsfaktor zu stärken und ihr dafür die nötigen Mittel zu geben. Wenn die USA aus solchen legitimen Überlegungen heraus angeblich nicht im Traum daran denken, einem Staat aus Asien, Afrika und Südamerika, weiteren Kandidaten für die Erweiterung des Sicherheitsrats neben Deutschland und Japan, zu einem Sitz mit Vetorecht zu verhelfen, sollten wir dann etwa Wohlverhalten anzeigen, um diesen Sitz zu bekommen? Sollen wir riskieren, weil kein Kanzler und kein Außenminister eine Garantie für dauerndes derartiges deutsches Wohlverhalten geben kann, den ständigen gleichberechtigten Sitz im Sicherheitsrat zu verpassen?

Meine Antwort: Ja, ein solches Risiko sollten wir in Kauf nehmen. Wir sollten uns aus der zuweilen peinlichen Rolle des Bittstellers lösen, der mit kleinen Geschenken dafür sorgen will, daß andere ihm einen Gefallen tun. Deutschland ist ein natürlicher Anwärter auf die besondere Verantwortung im Sicherheitsrat und wird es um so mehr, wenn es sich inhaltlich profiliert, durch Aktionen und konstruktive Vorschläge für sich wirbt, die im Interesse der Vereinten Nationen und ihrer Reformen liegen. Kein Grund zum Grämen, wenn noch ein paar Jahre vergehen. Eines Tages wird man uns auffordern, einen solchen Sitz einzunehmen, weil wir uns als Staat ausgewiesen haben, der von der Stärkung der Weltorganisation nicht nur redet, sondern handelt und von dem zu erwarten ist, daß er im Sicherheitsrat für die notwendige Stärkung der UN noch mehr tun wird.

An der politischen Wasserscheide – vor und nach 1991

Es gibt in der Geschichte Ereignisse, die für lange Zeit den Lauf der Dinge in neue Bahnen lenken. Einige sind sofort erkennbar, andere enthüllen erst im Laufe der Entwicklung die ihnen innewohnende Kraft. Für unser Jahrhundert wurde die Errichtung der Sowjetunion prägender als das Ende des Ersten Weltkriegs und die Auflösung der Sowjetunion wichtiger als die deutsche Einheit. Nur wenige Staatsmänner schätzten 1933 die Folgen richtig ein, als Hitler Reichskanzler wurde, nur wenige überblickten am Ende des Zweiten Weltkriegs die Perspektive eines Konflikts zwischen Ost und West oder den prägenden Einschnitt des ersten Abwurfs einer Atombombe über Hiroshima.

Sie hat die Geschichte der Gewaltanwendung auf unserer Welt epochaler verändert als die Erfindung des Schießpulvers; denn sie eröffnete erstmals die Möglichkeit, daß die Menschheit sich selbst auslöschen kann. Der Blick in den Abgrund war abschreckend genug, um die Bändigung dieser Gefahr kategorisch zum obersten Ziel zu machen, über alle Gegensätze der Systeme hinweg, ungeachtet aller Wertvorstellungen und Machtinteressen. Die Geschichte der Kriege war zu Ende, in denen gesiegt werden sollte, wenn die Hoffnung ausgelöscht war, einen atomaren Krieg gewinnen zu können.

Die beiden großen Kontrahenten im Ringen um Weltherrschaft wurden zu Partnern. Weder die USA noch die Sowjetunion wollten ihre tödliche Verwundbarkeit testen und verhielten sich entsprechend: 1956 in Ungarn, Polen und beim Sueskonflikt, 1961 beim Bau der Mauer, 1962 in Kuba, 1968 beim Einmarsch des Warschauer Pakts in die CSSR. Beide wurden zu Partnern der gemeinsamen Sicherheit, einig, die Ausbreitung von Atomwaffen zu behindern und unkalkulierbaren Aufwuchs zu begrenzen. Die erfolgreichen Bemühungen, die strategischen Waffen zu reduzieren (START und SALT), haben das Ende des Ost-West-Konflikts überdauert. Ob die russische Duma das zweite Abkommen ratifiziert, damit endlich über eine weitere Verringerung der interkontinentalen Waffen (SALT III) verhandelt werden kann, hängt auch davon ab, ob Rußland sich bedrängt und eingeengt durch die früheren Gegner fühlen kann. Der Faktor der Atomwaffen gilt weiter.

Die unnachsichtige Disziplin der beiden Bündnisse war auch Ausdruck der unerbittlichen atomaren Verhaltensregeln, denen Washington und Moskau folgten. Sie garantierten eine Ordnung, der alle Verbündeten unterworfen waren, ungeachtet ihrer Wünsche nach Selbstbestimmung. Also wenn Prag oder Budapest, Warschau, Berlin oder Bonn ausloteten, welche Bewegungsmöglichkeiten sie innerhalb dieser Ordnung hatten, geschah es vorsichtig. Niemand wird zu einer richtigen Einschätzung der neuen Lage kommen, der übersieht, daß diese atomaren

Verhaltensregeln weiter gelten. Die Sicherheit in Europa hängt auch künftig atomar davon ab, daß Amerika und Rußland sie garantieren.

Das Ende der Sowjetunion gehört zu den Einschnitten in der Geschichte unseres Jahrhunderts, dem sofort eine epochale Bedeutung zugesprochen wurde. Welche Auswirkung sie haben wird, welche Folgerungen daraus abzuleiten sind, wie die deutschen Interessen dabei definiert und verfolgt werden können – über diese Fragen gibt es eine lebhafte internationale Diskussion, die bisher zu keinem allgemein überzeugenden Ergebnis gekommen ist.

Das erste Ergebnis, die lästigen Fesseln der Ost-West-Disziplin losgeworden zu sein, war eine explosive Entfaltung lang unterdrückter Wünsche nach Selbstbestimmung. Sie erfaßte nicht nur die Völker, die im Gebiet der früheren Sowjetunion leben, sondern auch die Völker Jugoslawiens, das sich wie andere neutrale Staaten der stabilisierenden Wirkung der Blöcke erfreut hat. Mit der rasenden Geschwindigkeit eines Steppenbrandes versuchten Völker, ethnische Einheiten, Minderheiten, von der Adria bis nach Mittelasien, Selbständigkeit oder Unabhängigkeit zu erreichen, ohne zu überlegen, ob die erstrebten Gebilde lebensfähig sein und ihre Menschen ernähren können. Man glaubte, sich den Luxus von Kriegen leisten zu können, sicher, daß daraus der dritte Weltkrieg nicht mehr entstehen kann. Feuerwehren aller Art waren gefragt, gefordert, hingenommen, um die Brandherde zu begrenzen, weiteres Töten und Morden zu unterbinden oder zu verhindern, in Bosnien oder im Kosovo, in Moldawien oder Georgien, in Armenien oder

Aserbeidschan, bis nach Tadschikistan an der Grenze zu Afghanistan und China. In allen Krisengebieten auf dem Boden der früheren Sowjetunion hat der Westen akzeptiert, daß Waffenstillstände allein durch das Eingreifen Rußlands erreichbar waren. Es ging nicht anders. Man konnte froh sein, daß die Teilung zwischen Tschechen und Slowaken die friedliche Ausnahme blieb.

Mit Betroffenheit muß festgestellt werden: Es gibt zwei Hauptkrisenherde, den Balkan und das Gebiet zwischen Kaukasus und Mittelasien, um das sich Europa (West) in den letzten siebzig Jahren am wenigsten gesorgt hat. Da wie dort ist labiler Waffenstillstand erreicht worden. Da wie dort sind weder Friedenswille noch Frieden in Sicht. Da wie dort ist Rußland beteiligt, da wie dort geht es nicht nur um russische Interessen, wenn man nur an den Faktor Islam denkt, der in Bosnien eine geringere Rolle spielt als in den Republiken, die islamische Staaten zu Nachbarn haben; denn dort mehr als hier können sich weltpolitische Konflikte ergeben mit unübersehbaren Auswirkungen bis in den Nahen Osten vor der Tür Europas.

Die Disziplin des Ost-West-Konflikts hat bewirkt, daß es keinen Kriegstoten gab; seit die erzwungene Stabilität nicht mehr existiert, sind mehr als 100000 Kriegstote zu beklagen. Die Folgerung ist simpel: Aufgabe muß die Herstellung einer Ordnung sein, in der es keine Kriegstoten mehr geben kann. Theoretisch sollte es einfacher sein, eine solche Stabilität herzustellen, nachdem es die ideologische Gegnerschaft nicht mehr gibt.

Warum das in der Praxis so schwerfällt, liegt auch daran, daß altes Lagerdenken und gewachsenes Mißtrauen auf beiden Seiten so schwer zu überwinden sind. Es klingt simpel und banal: Gesamteuropäische Stabilität verlangt, daß sie zwischen der NATO und Rußland und für alle zwischen ihnen liegenden Staaten und die weiteren bisher ungebundenen und den neuen Staaten etabliert werden muß. Verläßlicher Friede kann niemanden ausschließen, der dazu gehören will. Diese einfache Tatsache ist in den letzten Jahren grob und fahrlässig übersehen worden.

Verteidigungsminister Volker Rühe, dem strategisches Denken nicht abzusprechen ist, hat Anfang November 1997 in Berlin seine globale Sicht der Lage dargelegt. In der Formulierung »Sicherheit ist heute unteilbar« meint er das richtige Ziel, aber das »Heute« ist doppelt falsch; denn zum einen war die Sicherheit der bipolaren Welt nur gemeinsam zu erhalten, wie wir zu unserem Glück erlebt haben. Zum anderen ist die Sicherheit gegenwärtig leider teilbar, wie viele Völker zu ihrem Leidwesen erfahren müssen. Rühes Irrtum offenbart sich in dem Satz: »Stabilität gilt immer umfassend: Interesse und Werte fallen darin zusammen.« Geradezu umgekehrt muß erkannt werden: Das Interesse der Stabilität muß auch Staaten mit unterschiedlichen Wertvorstellungen einschließen. Die Stabilität darf gerade nicht vor islamischen Staaten oder Indien oder China mit anderen Menschenrechtsanschauungen haltmachen. Friede für das nahe, christlich geprägte Ausland griffe zu kurz. Zusammenarbeit ist der kategorische Imperativ der Zukunft. Wer sich dieser Zusammenarbeit im Interesse der Stabilität entzieht, will sich der Bindung und der Kontrolle entziehen und wird zum Gegner der Stabilität.

Auch Staaten mit unterschiedlichen kulturellen Identitäten und Wertvorstellungen müssen eingeschlossen werden und sich beteiligen können, damit die Sicherheit unteilbar wird.

Die geschichtliche Aufgabe nach dem Epochenwechsel lautet für das 21. Jahrhundert, einen stabilen Frieden für Gesamteuropa herzustellen, sie lautet nicht, die NATO zu erweitern. Die Einengung ist kontraproduktiv und kann die historische Chance verfehlen lassen, sogar zerstören. Die geopolitische Realität ist unverändert: Der Raum zwischen Lissabon und Wladiwostok muß als Einheit betrachtet werden, soweit es um Sicherheit geht. Wer verläßliche Stabilität will, darf den Raum nicht willkürlich verkleinern.

Eine weitere Erfahrung hat den Ost-West-Konflikt überlebt. Wenn Willy Brandt damals formuliert hat: »Friede ist nicht alles, aber ohne Frieden ist alles nichts«, so meinte er, unsere Wertvorstellungen wie Freiheit, Selbstbestimmung, Demokratie oder Marktwirtschaft wären dahin, wenn es Krieg gibt. Ich habe in jener Zeit dafür geworben, daß Sicherheit nicht nur von Waffen abhängt, daß über dem Raketenzählen nicht der gesellschaftliche Friede übersehen werden darf. Heute befinde ich mich in der seltsamen Lage, daß alle Welt fast ausschließlich darüber redet, daß Sicherheit mehr umfaßt als militärische Fragen.

Es stimmt ja, daß internationaler Terrorismus, Drogen- und Menschenhandel, grenzüberschreitende Umweltverschmutzung, sogar Ströme von Flüchtlingen, die den Charakter neuer Völkerwanderungen annehmen, und anderes die klassische Außenpolitik erweitert haben. Es trifft zu, daß der vertraute Begriff der Landesverteidigung durch Krisenbewältigung außerhalb der Landesgrenzen und den Transfer von Stabilität zu ergänzen ist; es bleibt unbestreitbar, daß die meisten dieser Aufgaben nicht militärisch lösbar sind, aber heute besteht Grund, darauf zu drängen, die klassische Rolle von Macht und Sicherheit nicht zu unterschätzen. Einige der heutigen Probleme sind nur durch die Tatsache zu erklären, daß diese klassische Rolle negiert oder vernachlässigt worden ist. Es wäre grausamer Hohn gewesen, hätte man Menschen in Srebreniza oder Grosny zureden wollen, Frieden sei schließlich nicht alles. Auf dem Hintergrund dieser Erfahrungen erwächst das vitale Interesse deutscher Außen- und Sicherheitspolitik, einen Frieden für Gesamteuropa zu erreichen, der Kriege zwischen seinen Staaten unmöglich macht.

Konzeptlosigkeit als Konzept

Ende 1990 war das Ziel erreicht – kaum noch für möglich gehalten, dennoch erstrebt: Ost und West beendigten mit der Charta von Paris den Kalten Krieg, die Staaten der NATO und des Warschauer Vertrages unterschrieben das bedeutendste Abrüstungsabkommen, um das Gleichgewicht ihrer konventionellen Streitkräfte auf verringertem Niveau zu stabilisieren. Die Charta von Paris formulierte die Grundsätze der Zusammenarbeit für alle 34 in der Konferenz für Sicherheit und Zusammenarbeit (KSZE) versammelten Staaten. Die Staats- und Regierungschefs der beiden Bündnissysteme unterzeichneten die militärische Ergänzung (KSE). Sie wird die konventionelle Überlegenheit des Ostens beenden. Deutschland ist vereint, die Sowjetunion hat den Abzug ihrer Streitkräfte hinter ihre Grenzen zugesagt. Der Weg zu einer europäischen Friedensordnung ist abgesteckt.

Um ihn auszubauen, sollen sich die Außenminister jährlich treffen. Um den KSZE-Prozeß zu fördern, wird eine regelmäßige parlamentarische Konferenz beschlossen, in Prag soll ein Sekretariat für die zentralen politischen Fragen, in Wien ein Zentrum für Konfliktverhütung, in Warschau ein »Büro für freie Wahlen« eingerichtet werden. Vier Monate später löst sich der Warschauer Vertrag auf, weitere fünf Monate danach die Sowjetunion. Der tschechoslowakische Präsident Havel warnt während des ersten Besuchs eines bisher »östlichen« Staatschefs bei der NATO in Brüssel vor einem drohenden Sicherheitsvakuum in Mittel- und Osteuropa. Planungen für diese völlig neue Lage gibt es nicht.

Wenn die Weltpolitik galoppiert, bleibt wenig Zeit zu ruhigem Nachdenken. Der Golfkrieg findet statt, unter wohlwollender Neutralität Moskaus, seine bisherigen Verbündeten entledigen sich ihrer kommunistischen Regierungen, in den baltischen Gebieten werden Unabhängigkeitbestrebungen laut, in der Ukraine beginnt es zu grummeln. »Auf Ersuchen der Regierung der Vereinigten Staaten und in Befolgung eines Aufrufs des Sicherheitsrats der Vereinten Nationen« wird ein Verband der Bundesmarine zum Minenräumen in den Persischen Golf entsendet. Der deutsche Verteidigungsminister prescht vor und findet es gut, wenn Deutschland nicht die Ostgrenze der NATO bildet. Er erhält aus Warschau ein positiveres Echo als aus dem Bundeskanzleramt. Die Amerikaner bremsen derartige Unausgewogenheiten aus und schlagen eine »Partnerschaft für den Frieden« (PfP) vor. Das ist zunächst eine hervorragende Formel, bestimmt und geeignet, eine Diskussion über die Erweiterung der NATO zu stoppen und allen früheren Staaten des Warschauer Vertrages Information und Partnerschaft anzubieten.

Es lohnt nicht, im einzelnen die Widersprüchlichkeit der wechselnden Positionen nachzuzeichnen, wie allmählich die eben beschlossenen Grundsätze der Charta von Paris aus dem Blickfeld gerieten, ihre eben eingerichteten Institutionen im embryonalen Zustand belassen wurden, zumal sie zu schwach waren, die neuen Probleme zu lösen. Statt gesamteuropäische Pfade zu pflastern, engte die Diskussion sich auf die Erweiterung der NATO ein. Amerika hatte sich dafür entschieden. Einen gemeinsamen europäischen Standpunkt gab es nicht. Eine gemeinsame Haltung zwischen Paris und Bonn auch nicht.

So begann das Konzept der Konzeptlosigkeit.

Ich habe während der Grundausbildung in der deutschen Wehrmacht gelernt, daß man das Ziel wissen muß, bevor man losmarschiert. Das könnte sogar der gesunde Menschenverstand empfehlen. Soll jedes Land, das demokratische Transparenz und zivile Kontrolle der Streitkräfte vorweisen kann, Mitglied werden, wenn es will?

Verständnis und Sympathie für endlich errungene Selbstbestimmung der Osteuropäer sind gerade in Deutschland stark. Der Wunsch auf Mitgliedschaft ist nicht nur legitim, sondern verständlich. Aber damit kann nicht außer Kraft gesetzt werden, daß jedes Bündnismitglied die parlamentarische Mehrheit, die dafür in seinem Staat erforderlich ist, zustande bringen muß. Diese Hürde ist verschieden hoch. Wenn sie in nur einem Staat nicht genommen wird, gilt der Antrag des aufnahmewilligen Landes für abgelehnt, selbst wenn es eingeladen wurde, den Antrag zu stellen. Dieses Risiko ist unvermeidbar, für den betreffenden Kandidaten wie für das Bündnis; denn in einem solchen Fall gäbe es einen Scherbenhaufen.

Über das souveräne Entscheidungsrecht der NATO-

Staaten wird wenig gesprochen. Es steht im Hintergrund von Überlegungen, ob es klug ist, jedes Land einzuladen, das die Einladung wünscht. Solche Überlegungen widersprechen wiederum der offiziellen Haltung des Bündnisses, im Prinzip für jeden offen zu sein, der die Voraussetzungen erfüllt. Diese Haltung entspricht einer Anfrage an Radio Eriwan: Trifft es zu, daß kürzlich ein verdienter Arbeiter ein Auto geschenkt bekommen hat? Antwort: Im Prinzip ja, nur handelt es sich nicht um ein Auto, sondern um ein Fahrrad; es wurde nicht geschenkt, sondern gestohlen.

Über Polen, Tschechien und Ungarn wurde man sich schnell einig. Sie grenzen nicht an Rußland. Wie ist das mit den baltischen Staaten? Sie beherbergen unterschiedlich große russische Minderheiten und könnten sich potentiell bedrohter fühlen als die drei unumstrittenen Bewerber. Doch gerade das ist der Grund, weshalb das Bündnis überlegt, ob es wirksamen Schutz geben kann in einem Ernstfall, der nur Rußland meinen kann. Meine Frage an einen amerikanischen Senator, ob die USA bereit sein könnten, ihre Nukleargarantie bis an die russischen Grenzen der baltischen Staaten auszudehnen, erhielt die Erwiderung: Diese Diskussion habe in Amerika noch gar nicht begonnen, würde aber selbstverständlich zu einem Nein führen.

Umgekehrt hat Sloweniens Außenminister darauf hingewiesen, daß sein Land die kürzeste Verbindung zwischen Italien und Ungarn darstellt, das als neues NATO-Mitglied nur von Nicht-Mitgliedern umgeben wäre; außerdem ermögliche Sloweniens Wirtschaftspotential die Kosten der Mitgliedschaft selbst zu decken.

Dennoch wurde abgelehnt, Slowenien in die erste Erweiterungsrunde hereinzunehmen.

Vielleicht lag das unausgesprochen an dem Problem, daß man auch nicht weiß, was aus den anderen Staaten des ehemaligen Jugoslawien werden soll. Wie wird das mit Kroatien und Bosnien? Sind sie als Mitglieder der NATO vorstellbar, anders als Belgrad? Würde Serbien dann einem Freundschaftsabkommen mit Rußland überlassen bleiben, was an die Situation des Jahres 1914 erinnerte? Wo ist Platz für Albanien und Montenegro mit ihren ungelösten Querelen gegenüber Griechenland?

Der rumänische Außenminister konnte erklären, daß sein Land gemeinsam mit Ungarn derartige Spannungen nicht nur beseitigt, sondern von der Versöhnung zur Partnerschaft gefunden hat und an einer stabilen Sicherheitsregelung mit der Ukraine arbeitet. Außerdem habe Rumänien bewiesen, daß es ein Sicherheitslieferant und nicht nur Nutznießer ist, indem es sich an Friedensmissionen in Bosnien und Albanien beteiligt. Geholfen hat diese schlüssige Argumentation nichts.

Bulgarien möchte Mitglied der NATO werden wie die Slowakei, die sich aus Gründen ihres inneren Zustands keinen Erfolg versprechen konnte mit dem Ergebnis, daß aus der milden Grenze zwischen ihr und Tschechien erstmals eine trennende Bündnisgrenze wird.

Moldawien, die Ukraine und Weißrußland bedürfen als Teile der früheren Sowjetunion einer gesonderten Überlegung. Doch selbst ohne sie ist eklatant, wie verschiedenartig und undurchsichtig die sachlichen Argumente sind, denen sich die Aspiranten gegenübersehen. Im Grunde heißt die Marschroute der NATO: Wir nehmen erst mal drei, das ist überschaubar und ungefährlich, und sehen dann, was passiert.

Keine Regierung des Bündnisses hat erklärt, wie weit eigentlich die NATO ausgedehnt werden soll. Bis zur russischen Grenze? Eine Vorstellung für eine europäische Sicherheitsstruktur ist nicht erkennbar.

Heute gibt es zwei Kraftfelder, die NATO und Rußland, zwischen denen sicherheitspolitisch ein Vakuum entstanden ist. Aus der Geschichte wissen wir, daß ein solches Vakuum nicht andauert und seine Auflösung gefährlich ist. Mit jedem neuen Mitglied der NATO wird das Vakuum eingeengt und gefährlicher, also um es in den Worten des amerikanischen Diplomaten Richard Holbrooke auszudrücken: »In Grauzonen entstehen Kriege.«

Zumal mit jedem »unproblematischen« Land, das der NATO beitritt, die Zahl der verbleibenden »konfliktträchtigen« wächst. Zumal mit jedem Land, das gerade noch aufgenommen werden kann, die Zahl derer steigt, die geringere oder keine Chancen haben. Zumal auf diese Weise neue Zonen größerer und geringerer Sicherheit in Europa entstehen. Zumal so die Problematik von Pufferstaaten, von Vorfeldländern, gedeckt durch unterschiedliche Garantien entsteht, vielleicht von beiden Seiten, der NATO und Rußland. Da hätten wir sie dann wieder, die beiden Seiten, die im Ergebnis der laufenden Entwicklung das Gegenteil der beschlossenen Partnerschaft, das Gegenteil der Überzeugung bedeuten, daß Europa sicherheitspolitisch nicht wieder geteilt werden soll.

Die Entwicklung der letzten Jahre ist ein Beispiel, wie die Politik trotz fabelhaft moderner Informationstechnik, trotz aller Erfahrung in eine Situation hineinschlittern kann, die ausrechenbar konfliktträchtig wird; weil sie heute konzeptionslos ist, wird sie morgen ihre Fähigkeit zum Krisenmanagement beweisen müssen.

Die russische Ungewißheit

Der Westen hat den Kalten Krieg gewonnen, die Sowjetunion hat ihn verloren. Für alle Staaten bedeutete die Zeitenwende neue Freiheit und neue Hoffnung mit Ausnahme für die Sowjetunion: Sie löste sich 1991 auf. Was für andere Völker neuer Aufbruch war, bescherte den Russen einen chaotischen Alptraum. Eben noch gefürchtete Supermacht fand sie sich zurückgeworfen auf Grenzen, aus denen die Zaren aufgebrochen waren vor hundert, zweihundert oder dreihundert Jahren, um das Reich zu erweitern. Hatten sie nicht kürzlich unter schrecklichen Blutopfern den Großen Vaterländischen Krieg gewonnen, zerstörte Städte und Fabriken aufgebaut und einen bescheidenen Wohlstand erreicht? Nun erleben sie den Verfall des geliebten Vaterlandes mit neuer Armut und neuer Not. Auch Rußland hat den Epochenwechsel erlebt, aber anders als alle anderen kann es sich darüber nicht freuen.

Der frühere sowjetische Botschafter in Bonn, Julij Kwizinskij, schreibt am Schluß seiner Erinnerungen: »Es ist die Frage, was aus Rußland und der Sowjetunion geworden ist und warum es so geschah ... Ich weiß nicht, wann diese Frage schärfer gestellt werden wird – vor dem Hintergrund der heutigen Krise, dem Aufkommen massenhafter Armut, wachsender sozialer Spannungen und der allgemeinen Ausweglosigkeit, da es scheint, daß ein einziger Funke genügt, um eine Explosion auszulösen, oder dann, wenn die Menschen die heute so bedrückenden und erniedrigenden Alltagssorgen allmählich überwinden, die Schultern recken und fragen, was denn mit unserem Lande und mit uns allen eigentlich geschehen ist. Aber diese Frage wird unweigerlich kommen, und sie wird scharf sein wie ein Messer.«

Diesen Hintergrund muß stets mitbedenken, wer über Rußland spricht. Sein Trauma des Epochenwechsels kann lange nicht vergehen. Sicher ist nur, daß Rußland nicht immer so schwach bleiben wird, wie es ist. Daß Rußland sein Gleichgewicht findet und mit seinen Nachbarn zusammenarbeitet, statt revisionistisch sein Glück zu versuchen, wird von entscheidender Bedeutung für das 21. Jahrhundert sein.

Die Hoffnung des Westens, Demokratie und Marktwirtschaft würden die Erfolgsstory für Rußland werden, hat sich nicht verwirklicht. Das Wort Demokratie wird dort mit Elend assoziiert und Marktwirtschaft mit Korruption. Ein Mann auf Moskaus Straßen, nach seinen Wünschen für die Zukunft befragt, meinte: »Wenn es uns doch wieder so gutgehen möge wie unter Breschnew!«

Der Form nach sind die Institutionen demokratischer geworden als früher, Präsident Jelzin regiert praktisch mit Dekreten, in der Duma wuchern nostalgische Sehnsüchte, der KGB hat das System der Überwachung zu unerreichter Blüte entwickelt, der Präsident glaubt, nur er und einer seiner nächsten Mitarbeiter seien nicht korrupt, und einige seiner Landsleute kaufen am Mittelmeer luxuriöse Grundstücke, die arabischen Scheichs zu teuer sind.

Es ist offen, ob Rußland eine Demokratie nach westlichen Kriterien wird, ob es dies will und mangels Tradition kann; noch weniger ist abzuschätzen, wann es die nicht leichtere Aufgabe einer funktionierenden Marktwirtschaft löst. Ein Lehrbuch über die Umwandlung einer gelenkten Planwirtschaft in eine private, die keine sozialen Revolten auslöst, gibt es nicht. Rußland bietet ein Bild der Unberechenbarkeit. Es braucht Ordnung nötiger als Demokratie, einen Rechtsstaat nötiger als vollendete Marktwirtschaft. Erst ein ordentlich funktionierender Rechtsstaat kann die Grundlage für die Erholung Rußlands sein. Alexander Lebed, der den Krieg in Moldawien und Tschetschenien beendet hat, könnte das schaffen. Aber ob dieser unkorrupte Patriot Präsident wird, ist offen.

Die Wahrscheinlichkeit, daß Rußland seine Stabilität unter dem Jelzin-Regime erreicht, wird wohl auch von Regierungen für zunehmend gering gehalten, ohne daß darüber gesprochen wird; denn jeder Herr im Kreml ist unentbehrlicher Partner. Noch weniger ist einzuschätzen, ob und wann Rußland einen Zustand erreichen wird, der es berechenbar macht. Der Westen hat gelernt, daß sein Einfluß darauf begrenzt ist. Das Wesentliche muß in dem Land und durch das Land geleistet werden. Das kann zehn, zwanzig Jahre oder auch eine Generation dauern. Abzuwarten, welchen Erfolg es dabei wann haben wird, ist nicht möglich.

Die Zeit dazu fehlt. Denn die Fragen der europäischen Sicherheitsstruktur werden bis zum Jahre 2000 entschieden werden; in dieser Struktur muß ein Rußland Platz haben, wie es ist und nicht, wie man es sich wünscht.

Diese Erfahrung hat die Welt schon einmal gemacht. Begrenzung und Verringerung strategischer Waffen haben die Amerikaner mit den Sowjets vereinbart, obwohl kein Demokrat im Kreml saß. Die Abschaffung der Mittelstreckenraketen gelang, obwohl dort Planwirtschaft betrieben wurde. Niemandem kam in den Sinn, mit der konventionellen Abrüstung zu warten, bis sich in Moskau angenehmere Partner fest etabliert hätten. Sicherheit war wichtiger als Ideologie. Die Unterschiede zwischen Kapitalismus und Sozialismus, zwischen Diktatur und Demokratie, unleugbar und nicht zu vergessen, wurden der elementaren Frage untergeordnet: Ost und West würden gemeinsam leben oder gemeinsam untergehen. Die Welt war froh über die Verringerung der Gefahr und fragte nicht danach, ob die Kontrahenten auch für westliche Werte aufgeschlossen waren. Diese Erfahrung zu wiederholen, müßte um so leichter sein, als aus Gegnern Partner geworden sind, die jedenfalls auf dem Wege zu Demokratie und Marktwirtschaft sind. Nachdem Rückfall in staatlichen Kommunismus ausgeschlossen scheint, reicht die Ermutigung, daß wirtschaftliche Gesundung und Ordnung verläßliche Orientierung geworden sind. Nicht der Grad der erreichten Marktwirtschaft, nicht die Qualität der Demokratie, sondern die Fähigkeit des Staates, verbindliche Sicherheitsvereinbarungen zu treffen, internationale Verpflichtungen einzugehen, ist entscheidend.

Es mag im Westen Menschen geben, die sich heimlich freuen, wenn Schwäche, Zerrissenheit und Korruption oder das Problem Tschetschenien und andere Konflikte hinter den russischen Südgrenzen fortdauern. Hinter vorgehaltener Hand hört man: Solange sie in ihrem eigenen Saft schmoren, können sie nicht gefährlich werden. Solchen Erwägungen muß offen entgegengetreten werden; denn sie führen zu einer fatalen Folgerung: Solange die Entwicklung in Rußland unberechenbar bleibt, kann es nicht ernsthaft als langfristig stabiler Partner betrachtet werden. Die heutige Lage in Rußland darf nicht als Argument dienen, das Land so zu behandeln, als könne es wieder Gegner werden.

Eine andere Erfahrung aus der Zeit der Konfrontation gilt weiter: Weder damals noch heute stand oder steht zur Debatte, ob die USA oder die Sowjetunion oder Rußland Mitglied der Europäischen Union werden würden. Weder damals noch heute sind Washington und Moskau in ihrer globalen atomaren Verantwortung durch andere zu ersetzen. Weder damals noch heute kann Europa sich anmaßen, über die innen- und wirtschaftspolitischen Entscheidungen Amerikas und Rußlands zu befinden. Diese beiden Weltmächte folgen den Gesetzen ihrer Schwerkraft und ihrer Traditionen, aber, soweit sie europäische Mächte sind, den Interessen der Stabilität in diesem Kontinent, und zwar nach Regeln, die nur für alle Beteiligten gelten können. Dies ist auch das beste Mittel, um die beiden Großen einzuhegen. Für Amerika ist das wichtig, um sich auf die potentielle Instabilität in Asien konzentrieren zu können; für Rußland ist das wichtig, um seine stabile Gesundung zu gewinnen.

Schließlich darf ein dritter Faktor nicht übersehen werden, der schon vor zehn Jahren galt. Was die Sicherheit anging, mußte Europa als Einheit betrachtet werden, die von Lissabon bis Wladiwostok reichte. Die Gesetze der modernen Technik, die weitreichende Waffen und weltraumgestützte Beobachtung hervorgebracht hatte, ließen anderes nicht mehr zu. Die Betrachtung des gesamtkontinentalen Raums, trotz NATO und Warschauer Pakt gewonnen, darf nicht verlorengehen, nur weil es die Blöcke nicht mehr gibt. Europa kann seine Stabilität nur gewinnen, wenn es sicherheitspolitisch zwischen Lissabon und Wladiwostok für seine Staaten eine Struktur mit gemeinsamen Regeln formt.

Wie damals existiert zwischen Ost und West politisch und wirtschaftlich eine Asymmetrie. Wie damals darf das nicht hindern, militärisch Stabilität zu erreichen. Die gesellschaftlichen Unterschiedlichkeiten sollen auch heute und künftig nicht zu bewaffneten Auseinandersetzungen führen. Wer sich vorstellt, daß es zwischen Lissabon und Wladiwostok nur annähernd vergleichbare Gesellschaften gäbe mit gefestigten Demokratien auf dem Wege des Wohlstands, könnte annehmen, es wäre relativ leicht, eine Ordnungsstruktur für den gesamten Raum zu schaffen. Doch selbst, wenn diese irreale Annahme Wirklichkeit wäre, würde die eklatante Veränderung der Lage nach dem Ende der Sowjetunion deutlich: Selbst dann würden die nationalen, ethnischen, religiösen, kulturellen Unterschiede und Leidenschaften größer sein als im ehemaligen Jugoslawien. Umstrittene Grenzen, Wünsche nach Selbstbestimmung oder Autonomie machen den Raum der ehemaligen Sowjetunion zu einem ins Riesenhafte vergrößerten Jugoslawien. Da wie dort würde sich wiederholen: Wenn es nicht gelingt, Stabilität zu exportieren, wird die Instabilität zu uns kommen.

Weil also die Gleichzeitigkeit unerreichbar ist, politisch und wirtschaftlich und militärisch Stabilität zu schaffen, muß die Sicherheit zu dem Geländer entwickelt werden, das vor Absturz in kriegerisches Chaos bewahrt. Ihre Struktur verlangt Disziplin, ersetzt die verlorene Stabilität der Blöcke und bietet die Chance für friedliche gesellschaftliche Evolution. Niemand kann heute sagen, ob die Staaten und Völker der GUS (Gemeinschaft Unabhängiger Staaten) asiatischen, islamischen oder europäisch-christlichen Wertvorstellungen folgen werden oder wollen, ob sie die Richtung ihres Denkens nach Süden oder Westen lenken, aber wie immer sie das entscheiden, muß der Weg der Gewalt ausgeschlossen werden.

Es liegt auch im Interesse aller Beteiligten, eine umfassende Zusammenarbeit im Ausbau von Verkehr, Kommunikation, Energie und Infrastruktur endlich voranzutreiben, zum Teil alte Ideen zu verwirklichen. Auch die Vorschläge der europäischen Kommission zu einer Freihandelszone mit Rußland könnten am besten durch gesicherten Gewaltverzicht gefördert werden. Die Organisation der europäischen Stabilität kann das beste Mittel werden, Rußland zu helfen, in seinem wie im europäischen Interesse.

Es kann nicht verwundern, daß Rußland ebenso wenig wie der Westen bereits eine in sich geschlossene Konzeption seiner Außenpolitik gefunden hat. Erkennbar ist mehr die Umschau nach Gelegenheiten und die Reaktion auf Entwicklungen als planvolles Handeln.

Die Umschau hat es China wiederfinden lassen. Ähnliche Umstände, die das geächtete Reich von Weimar und die ausgesperrte Sowjetunion zu einer Zusammenarbeit zwischen Reichswehr und Roter Armee geführt haben, fördern die militärische Kooperation zwischen Peking und Moskau. Waffen, die auf dem Weltmarkt schwer verkäuflich geworden sind, können die chinesische Armee modernisieren. Keine neuentwickelte russische Technologie, die China sich nicht leisten könnte. Unvergeßlich die Bemerkung eines stellvertretenden russischen Verteidigungsministers während einer Wehrkundetagung in München, daß man Polen als NATO-Mitglied akzeptieren könnte, wenn russische Waffenlieferungen in dieses Land möglich blieben. Rußland ist zum wichtigsten Lieferanten der chinesischen Armee geworden. Bisher strittige Grenzfragen sind geklärt, Truppenabbau in diesen Gebieten vereinbart. Das Verhältnis ist geregelt, gibt beiden Ländern Rückendeckung und öffnet langfristige Optionen.

An die Stelle der »strategischen Allianz« mit dem Westen, die von Jelzins damaligem Außenminister Kosyrew zunächst angestrebt wurde, ist eine strategische Vereinbarung für das nächste Jahrhundert mit China getreten, die Jelzin unterzeichnet hat. Entsprechend strebt nun Außenminister Primakow im Gleichklang mit seinem chinesischen Kollegen eine multipolare Welt an. Das Interesse an einem System mehrerer Großmächte mit eigenem Profil steht gegen eine unipolare Welt unter amerikanischer Führung. Aufmerksam werden Bemerkungen des französischen Präsidenten Chirac verfolgt, die seine Sympathie für eine multipolare Sicht anzeigen. Nur Europa könnte dieser Dimension gerecht werden, keiner seiner nationalen Staaten.

Aus Moskauer Sicht würden privilegierte Beziehungen zu Paris durch Frankreichs registrierte Schwäche begrenzt, sich letztlich in westlichen Gremien durchzusetzen. Deutschland macht zuweilen den Eindruck, als hätte es sein Interesse an Rußland verloren, nachdem seine nationalen Wünsche erfüllt sind. Europa ist weltpolitisch kein Spielkamerad, sondern ein Gebiet, das wirtschaftlich bei der Erholung helfen kann, sogar ohne global orientierte Hintergedanken der Amerikaner. Ein treffliches Beispiel, wie sich Konkurrenz und gemeinsame Interessen verbinden, gab der spezielle Kanal, den sich Washington und Moskau mit der »Gore-Tschernomyrdin-Kommission« geschaffen haben. Mehr als 200 Projekte über Energie und nukleare Sicherheit wurden seit 1993 unter Dach und Fach gebracht.

Ein ganz neues Gebiet russischer Außenpolitik stellt das »nahe Ausland« dar, das – mit Ausnahme der baltischen Staaten – alle Gebiete der früheren Sowjetunion umfaßt. Daß diese Ausland sein sollen, nur durch Paß mit Visum erreichbar, muß Russen genauso verrückt vorkommen wie Westberlinern damals das Verlangen der DDR, Potsdam als Ausland anzusehen. Im sommerlichen Moskau ('97) hörte ich einen Russen über das Brandt-Wort vom Zusammenwachsen dessen sinnieren, was zusammengehört, jedenfalls für mehr als 200 Jahre zusammengehört hat. So ganz widernatürlich kann das einem Deutschen nicht erscheinen. Mehr als 25 Millionen Russen wohnen außerhalb der russischen Grenzen. Gleichgültigkeit für ihr Schicksal kann nicht erwartet werden.

Nicht auszudenken, wenn russischer Nationalismus nach den Vorstellungen eines Schirinowskij die Muskeln spielen ließe und nicht Familienzusammenführung, sondern Wiederherstellung der Einheit aufs Panier schriebe, die länger existiert hat als die Unabhängigkeit der baltischen Staaten. Wer immer Rußland regiert, wird den Zusammenhalt der heutigen Nation fördern und bewahren müssen; vielleicht auch das Land wieder erweitern wollen?

Die Versuche, das Band gewachsener wirtschaftlicher wie strategischer Interessen in Form der GUS zu pflegen, hatten bisher nur begrenzten Erfolg; sie zeigten, daß der Wunsch nach Unabhängigkeit in den neuen Republiken größer war als ihr Bedürfnis nach Gemeinschaft. Die gewonnene Souveränität widersprach der wirtschaftlichen Vernunft, wenigstens in die Richtung jener qualifizierten Zusammenarbeit zu gehen, für die sich die Westeuropäer die EWG geschaffen haben. Wer selbständig ist, will es bleiben, wer autonom ist, will souverän werden, wer Rohstoffe hat, will den Gewinn nicht teilen, wer keine hat, verlangt Hilfe. Das alles ist verständlich, menschlich, wird eine ganze Weile, aber nicht ewig dauern; zu bedauern, wenngleich gezügelt, ist eine russische Außenpolitik, die sich vielfältigen und widersprüchlichen Forderungen aus Gebieten gegenübersieht, die sie gelernt hat, traditionell mit harter Hand zu beherrschen. Begreiflich ist der Standpunkt jedenfalls, die internationale Grenze der russischen Föderation unantastbar zu bewahren. Tschetschenien macht sogar das schwer.

Im Westen ist nur wenig Verständnis für ein Rußland zu finden, das argumentiert, mit der Konsolidierung der Lage südlich seiner Grenzen tue es auch etwas für

Europa, indem es den Islam möglichst begrenzt. Was früher »Schutz gegen die Barbaren« genannt wurde, stellt sich nun auch als Kampf gegen Drogen- und Waffenhandel dar. Moskaus unverkennbare Politik der Einflußzonen wird argwöhnisch verfolgt. Gleichzeitig wird hingenommen, wenn »Friedenstruppen« der GUS, die fast ausschließlich russische sind, nicht nur im Transkaukasus präsent sind. »In Tadschikistan ist und bleibt Rußland Hausherr«, erklärt einer der Oppositionsführer dort. Mit rund 20000 Mann erzwang Rußland ein Ende der gewaltsamen Auseinandersetzungen zwischen Regierung und Opposition. Wir haben kaum wahrgenommen, daß Ende Juni 1997 ein Friedensabkommen im Kreml unterzeichnet wurde, von Jelzin, den beiden bisherigen tadschikischen Kriegsherren, den Außenministern Kasachstans, Kirgistans, Turkmenistans, aber eben auch des Iran. Die Außenminister Afghanistans, Pakistans und Chinas, deren Länder auch an Tadschikistan grenzen, fehlten. Proteste aus dem Westen, daß Rußland seine hegemoniale Position ausnutzt, hat es nicht gegeben.

Auch in anderen Republiken liegt der Schlüssel in Moskau, wenn es um Eindämmung oder Einfrieren von Konflikten geht, um die Garantie von Waffenstillständen und hoffentlich eines Tages auch um Frieden. Der derzeitige Konflikt zwischen Armenien und Aserbeidschan ist zwar jünger als der zwischen Israel und Palästinensern, aber Ähnlichkeiten gibt es: Die einen haben keine Rohstoffe und sind intelligent, die anderen haben Rohstoffe und sind zahlreicher, die einen wollen nicht auf Jerusalem, die anderen nicht auf Nagorny-Karabach verzichten, zum

Frieden werden sie allein nicht finden ohne die Hilfe der Amerikaner da und der Russen dort und vor allem: In beiden Fällen kann es Explosionen geben, die die ganze Region in Brand setzen.

Wer interessiert sich schon für Turkmenistan? Wer könnte einigermaßen genau beschreiben, wo es liegt? Wer wußte, daß Tschetschenien Teil der russischen Föderation ist, bevor es in den Kampf um Separation und eine Selbständigkeit eintrat, die sich durch die Ölleitung finanzieren soll, die über sein Gebiet läuft? Was geht es uns an, wenn dahinten in der Türkei die Völker aufeinanderschlagen, konnte früher gefragt werden. Heute ist es dringlich geworden, die Region hinter der Türkei zu beobachten.

Die Ruhe um das Kaspische Meer ist dahin, für die in nachbarlicher Neigung die Sowjetunion und der Iran sorgten. Heute erheben fünf Staaten streitige Ansprüche, weil es keine territoriale Aufteilung der Schürfrechte gibt und ungeklärt ist, wo ihre Grenzen sich im Meer treffen: Aserbeidschan, Rußland, Kasachstan, Turkmenistan und immer noch der Iran. In sowjetischen Zeiten spielte es keine Rolle, wo sich Kasachstan und Turkmenistan auf dem Wasser trafen, es gab auch keine Hast bei der Erforschung der Bodenschätze; Moskau und Teheran pflegten ihre Vorkommen in anderen Gegenden. Aber nun ist die Ruhe dahin; denn gerade weil die wirklichen Vorräte noch nicht erforscht sind, alles aber darauf hinweist, daß sie die bedeutendsten natürlichen Energiereserven auf dieser Welt nach denen der arabischen Halbinsel und des Persischen Golfs sind, weil die neuen Republiken Geld brauchen, Amerika seine Abhängigkeit von arabischem Öl ganz gern verringern würde, China weiß, daß es morgen mehr Öl braucht, Rußland nicht zu kurz kommen will, hat ein Wettlauf globaler Dimension eingesetzt.

Daraus kann auch ein Wettkampf um eine Region werden, die machtpolitisch weitgehend Niemandsland geworden ist. Dort mit Gewalt Ordnung zu schaffen, fehlen den »Ortsansässigen« die Mittel, anderen, ferner gelegenen Interessenten Gründe oder Anlaß; außerdem geht man nicht ohne Not in ein Gebiet, in dem schwer durchschaubare und schwer beeinflußbare nationale, ethnische und religiöse Leidenschaften und wirtschaftliche Interessen eine brisante Mischung ergeben, die nur mit Glück unter einer friedlichen Decke gehalten werden können. Ein gegebenes Feld also für internationale Ölgesellschaften, in denen sich amerikanische, japanische, englische, chinesische, französische, norwegische Interessen tummeln. Einige dieser Gesellschaften haben sich Fürsprecher mit international bekannten Namen gesichert: den früheren Außenminister Baker, den früheren Verteidigungsminister Cheney, die ehemaligen Sicherheitsberater zweier Präsidenten Zbigniew Brzezinski und Brent Scowcroft. Die sind keine schlechteren Amerikaner geworden, seit sie nicht mehr in Ämtern sitzen.

In einer solchen Lage konnte es nicht überraschen, daß der amerikanische Präsident Clinton den aserbeidschanischen Präsidenten empfing. Zum erstenmal in der Geschichte der beiden Länder. Es gibt eben noch Premieren. Hayolan Alijew hatte zur sowjetischen Politprominenz gehört, bis ihn Gorbatschow 1987 zum Rücktritt zwang.

1993 putschte er sich an die Macht. Nun, 1997, sollte das amerikanische Embargo gegen sein Land aufgehoben werden. Über Öl, Gas und wirtschaftliche Entwicklung wurde mehr gesprochen als über Menschenrechtsverletzungen. Beide Präsidenten sind überzeugt, zur Stabilität der Region am Kaspischen Meer beizutragen und im Konflikt mit Armenien über Nargorny-Karabach so rasch wie möglich eine Lösung zu finden.

In einer solchen Lage würde es nicht überraschen, wenn Amerika eine Rohrleitung »dulden« würde, die von den Gasfeldern Turkmenistans am Kaspischen Meer über mehr als 1000 Kilometer durch den Iran verläuft und nach 3600 Kilometer die Türkei erreicht. Das verbände Angenehmes mit Nützlichem. Amerika könnte seine Kritik am gestrauchelten kritischen Dialog der Europäer mit dem Iran einstellen und so seine Beziehungen zur Europäischen Union entspannen. Es könnte gleichzeitig seine Isolierungspolitik gegenüber dem Iran lockern, was nach dem Regierungsantritt des neuen iranischen Präsidenten, der zur rechten Zeit kam, ohnehin empfehlenswert ist. Es könnte nicht zuletzt die neuen Republiken stärken, die Geschmack an der Souveränität gewonnen haben und die russische Hegemonie loswerden wollen; es könnte schließlich Rußland schwächen, wenn neue Öl- und Gasleitungen nicht über russisches Gebiet verlegt werden. Im Zweifel wird vorgezogen, mehrere Eisen im Feuer zu halten, als das Feuer durch Prinzipientreue zu ersticken.

Jelzin findet den wachsenden Einfluß der USA im Kaukasus »alarmierend«. Es gehe um die territoriale Einheit Rußlands. Amerika beginne ungeniert den Vormarsch in dieser Region. Aus amerikanischer Sicht sieht das anders aus. Aus europäischer Sicht auch? Gibt es überhaupt einen europäischen Standpunkt zum mittelasiatischen Raum mit den Auswirkungen auf den Mittleren und Nahen Osten?

Die Europäer haben 1994 mit den ehemaligen Staaten der Sowjetunion eine »Energie-Charta« vereinbart. Aus ihren Prinzipien könnte Politik werden, wenn Europa handlungsfähig wäre. Es liegt nahe, in einem Raum, in dem kein einzelner Staat dem anderen seine Ordnung aufzwingen kann, eine überstaatliche Ordnung zu schaffen, mit Regeln für Ausbeutung, Transport, Rechtssicherung, Transitsicherheit und einem Schlichtungsverfahren bei Streitigkeiten. Dafür sprächen auch wirtschaftliche Interessen: Wer investieren will, möchte Sicherheit haben. Die europäische »Energie-Charta« sieht sogar für den Schutz der Umwelt gemeinsame Spielregeln vor; durch eine übernationale Ordnung könnten alle Beteiligten gewinnen. Gerade weil Europa in dieser Region keine Machtinteressen hat, könnte es helfen, Stabilität herbeizuführen.

In meiner Analyse deutscher Interessen wird zwischen vitalen, hervorragenden und wichtigen Interessen unterschieden. Zu den wichtigen gehören an erster Stelle die Bemühungen um Stabilität im Kaukasus und in Mittelasien. Wenn dieser Komplex anders als die übrigen auch wichtigen hervorgehoben wird, so vor allem, weil gerade für diesen Raum die Aufmerksamkeit der deutschen Politik und Medien unterentwickelt ist. Während der Teilung kam diese Region in unserem Denken gar nicht vor. Wir waren auf die Behauptung im Ost-West-Konflikt und die Verhinderung der internationalen Anerkennung der DDR konzentriert. Wer damals über den Tellerrand Europas hinausblickte, um zu zeigen, daß Bonn mehr Geld hatte als Ostberlin, konnte an Entwicklungshilfe für die südlichen Gebiete der Sowjetunion gar nicht denken. Politisch gab es sie nicht.

Aber nun, befreit von der durch die Umstände bedingten Enge des Blicks, sollte ein Land in der Mitte Europas, das nicht Objekt der Geschichte werden will, das Globalisierung nicht nur als Feind des eigenen Standorts sehen oder als Gefahr durch Lohndumping wahrnehmen will, erkennen: Wer nicht Objekt der Globalisierung werden will, muß globale Interessen, die über unser nahes Ausland in Ost wie West hinausreichen, wahrnehmen, das heißt sehen und nutzen.

Und das heißt abermals, unsere Interessen – möglichst europa-gebündelt – für eine Region zu definieren und zu verfolgen, in der sich die großen Mächte engagieren und China als Nachbar unseres Nachbarn Rußland wie Japan uns nähergerückt sind.

Das »Große Spiel« um Macht und Einfluß in Mittelasien fand vor hundert Jahren zwischen Rußland und England statt, mit Stellvertreterkriegen, angezettelten Aufständen, List und Täuschung mißtrauischer Völker. Nun ist auch dort England durch Amerika abgelöst worden. Das »Große Spiel« hat wieder begonnen. Der Ausgang kann Europa nicht gleichgültig sein; denn es wird das Verhältnis zu unserem größten Partner Rußland und unserem mächtigsten Verbündeten Amerika mitbestimmen. Europa könnte das Konzept verfolgen, die Tendenzen zu einer Weltinnenpolitik zu stärken, also nach Regeln suchen helfen, die den Beteiligten erlauben, ihren unterschiedlichen Interessen gewaltfrei nachgehen zu können. Damit der stille Kampf nicht laut wird; ein neuer Ölkrieg kann nicht ausgeschlossen werden.

Auch in Mittelasien geht es um die Orientierung Rußlands. In einem Fünf-Staaten-Vertrag mit China, Kasachstan, Kirgistan und Tadschikistan hat Rußland vertrauensbildende Maßnahmen vereinbart, die sich an Grundsätzen der OSZE orientieren, also europäische Vorstellungen sehr weit nach Asien übertragen sollen. Es hat die einseitige Westorientierung im Laufe der Auseinandersetzungen über die NATO-Osterweiterung abgelehnt und durch die Vorstellung gleichwertiger Partnerschaft ersetzt. Es will Stabilität im Süden, dort seine Interessen wahren und im Osten strategische Perspektiven mit China und Japan suchen, es hat einen Unionsvertrag mit Weißrußland geschlossen und einen Grundlagenvertrag mit der Ukraine als Absicherung gegen kommende NATO-Erweiterungen. Es schließt den Beitritt in eine sich weiter wandelnde NATO langfristig nicht aus. Diese Positionen sind zum Teil widersprüchlich, aber immer noch an gesamteuropäischen Sicherheitsvorstellungen orientiert. Sie sind Teil der russischen Ungewißheiten. Für Europa hängt viel davon ab, welchen Weg Rußland gehen wird.

Die amerikanische Ungewißheit

Amerika ist auf dem Gipfel angelangt. Wenn es sich umsieht, umglänzt von Erfolg, ist kein Staat erkennbar, der es von dieser Position verdrängen könnte. Kein anderer Staat in der Geschichte ist je so mächtig gewesen.

Stolz, Freude und Selbstgewißheit mischen sich, durchsetzt sogar mit etwas Überraschung, so unerwartet schnell und vollständig den letzten Herausforderer losgeworden zu sein. »Wir Amerikaner sollten nun wenigstens einen Moment in unserem Ruhm baden«, findet ein amerikanischer Kolumnist. Reich, modern, wirtschaftlich und wissenschaftlich Spitze, stark, das beste Modell für die Zukunft. Ein Historiker: »Wer soll uns denn herausfordern? Japan hat keine Rohstoffe und braucht fremde Märkte. China ist ein demographisches Desaster, reif für die Rückkehr von »Warlords«, Indien steht am Rande von Aufstand und Anarchie. Brasilien war schon immer das Land der Zukunft. Europa wird nie mehr sein als ein großes und zänkisches Kaufhaus, und Rußland ist ein Phantomgigant.«

Spitzentechnik, die eine Mission zum Mars gestattet, Jazz, Hollywood und neue Medien, ergänzt durch Coca

Cola und Fastfood, haben eine Zivilisation von kultureller Kraft geschaffen. Viele Menschen eifern neidvoll dem Vorbild nach und finden diese attraktive Zivilisation begehrenswerter als ihre traditionelle Kultur. Amerika ist dabei, die Welt nach seinem Bild zu formen. »Amerika regiert die Welt. Gott sei Dank. Wir haben in diesem Jahrhundert drei Weltkriege gewonnen, und wir haben das Recht, jetzt die Beute einzufordern«, formuliert ein amerikanischer Kolumnist ganz un-verschämt.

Deutsches Kopfschütteln ist da ganz unangebracht. »Wenn wir den Krieg gewonnen hätten«, hat Erich Kästner gedichtet und nicht geglaubt, daß Deutschland dann so tolerant, großzügig und gemäßigt gewesen wäre, wie Amerika sich gibt.

Scheinbar mit der linken Hand schaffen die USA Ordnung, wo andere versagen. Wer kann schon Delegationen drei Wochen einsperren, bis, wie in Dayton geschehen, ein Abkommen erreicht ist? Sie vermitteln im Nahen Osten, versuchen sich in Zypern, greifen in Afrika anstelle Frankreichs und Englands ein, moderieren zwischen beiden Koreas, stabilisieren in Asien. Alles gleichzeitig und ohne Anzeichen, ihre Kräfte über Gebühr zu beanspruchen. Dabei wachsen militärtechnisch der Vorsprung und die Überlegenheit, für Europa schon fast uneinholbar, qualitativ zu einer überwältigend imposanten Machtfülle. Sie ist so groß, daß ihre bloße Existenz oft genügt, ähnlich wie einmal Großbritanniens Flotte wirkte, ohne sie einsetzen zu müssen. Wer es nicht glaubt, wie Saddam Hussein, muß schwer büßen.

In seinem brillanten Buch über *Aufstieg und Fall der großen Mächte* hat Paul Kennedy, Historiker in Yale,

1987 eine Art von Gesetzmäßigkeit definiert, der große Mächte unterliegen: Sie überdehnen ihre Kräfte oder können nicht verhindern, daß andere sie auf Gebieten überflügeln, die sie vernachlässigen. Er hat nicht untersucht, wie sich auswirkt, wenn nach dem unvorhergesehenen Ende der Sowjetunion Amerika als einzige Supermacht übrigbleibt. 1997 diagnostiziert Kennedy Selbstüberschätzung: »Ich gebe den Selbstbejublern vielleicht weitere fünf Jahre zum Feixen.« Hoffentlich dauert der Moment, in dem Amerika in seinem Ruhm badet, nicht länger.

»Die größte Demokratie der Welt wird eine ganze Welt von Demokratien führen«, erklärt Clinton, wohl ohne ein Gefühl der Überheblichkeit, wenn das Wohl Amerikas gleichgesetzt wird mit dem Wohl der Welt. Armut, Hunger, Übervölkerung, Erschöpfung der Rohstoffe, internationale Verbrechen müssen auch von Staaten bekämpft werden, die westliche Vorstellungen von Menschenrechten nicht teilen. Solche Staaten sind unentbehrlich für das Wohl der Welt. Es wird also nötig, die globalen Probleme kooperativ zu lösen. Zuweilen hat es den Anschein, als glaubten die USA, sie könnten nicht nur alles am besten, sondern sie könnten es am besten allein. Da das offensichtlich unmöglich bleibt, wird Führungsfähigkeit entfaltet, um etwa ein Gegengewicht zu China zu bilden, zwischen den sperrigen Israelis und den sperrigen Arabern zu vermitteln und die Unsicherheit Rußlands südlich seiner Grenzen zu erhalten. Herrisch wird entschieden, welche Europäer in die NATO dürfen, zu welchen Bedingungen die Reform der UN stattfinden kann. Fadenscheinig werden umweltschützende Zusagen revidiert. Kalt wird die Teilnahme am Verbot von Landminen abgelehnt.

Es wäre ein Wunder, wenn Amerika, die einsame Macht, sich von der Arroganz der Macht freihalten könnte. Es wäre ein Wunder, wenn die übrige Welt nicht das Gefühl bekäme, es könnte gut sein, wenn die amerikanischen Bäume nicht in den Himmel wachsen.

Lautlos und unabgesprochen mag in vielen Staaten und Völkern die Abneigung gegen die eine hegemoniale Macht zunehmen und die Überlegung in vielen Köpfen entstehen, ob nicht andere Köpfe ähnlich empfinden. Nicht törichter Antiamerikanismus steht zur Rede, sondern unamerikanische Empfindungen der nichtamerikanischen Menschheit, nicht Umtriebe gegen Amerika, sondern Behauptung eigener Vorstellungen gegenüber Amerika. Es gibt auf dem Globus auch andere Vorstellungen von den Werten des Lebens und der Gesellschaft als die amerikanischen, die allzustark auf Ausrechenbares gerichtet sind, den kalkulierbaren Gewinn mit Erfolg schlechthin gleichsetzen. Tief durchdrungen von der Richtigkeit ihrer Überzeugungen, die sie an die Spitze getragen haben, kann dieser Idealismus, mit etwas Bekehrungseifer vermischt, auf andere Kulturen befremdlich wirken und andere gewachsene Eigenwerte herausfordern, ihren Stolz und sogar trotzigen Behauptungswillen stärken. Die Globalisierung, im Selbstbewußtsein der Überlegenheit betrieben, kann geradezu zur Relativierung der amerikanischen Macht werden.

Wenn etwa asiatische Länder auf ihrem anderen Selbstverständnis beharren, sei es beim Begriff der Demokratie oder der Menschenrechte, so ist das eine waffenlose Herausforderung Amerikas. Es ist fraglich, ob Rußland überhaupt objektiv fähig ist, Demokratie und Marktwirtschaft im westlichen Verständnis zu entwickeln, ohne, seinen eigenen Traditionen schwer entrinnbar, selbst etwas Neues, anderes zu formen. Wenn die Westeuropäer eine Gesellschaft hervorgebracht haben, in der soziale Netze dafür sorgen sollen, daß die brutalen Gesetze des Marktes gebändigt werden, werden sie die sozialen Folgen der Globalisierung mildern, erträglich machen wollen, um die Destabilisierung ihrer Demokratien zu vermeiden. Europa wird sich an der Seite solcher Staaten finden, die aus ganz anderen Gründen ihr eigenes Gesellschaftsbild behaupten wollen. Die Herausforderung Amerikas wird waffenlos sein.

Amerika wird sich nichtmilitärisch zu bewähren haben. »Verantwortung oder Rivalität mit dem Rest der Welt«, hat Flora Lewis, die kluge Beobachterin, das Problem für ihr Land zugespitzt, formuliert. Verantwortlich für und mit dem Rest der Welt zu sein verlange eine Fähigkeit zu Machtteilung und Zusammenarbeit, Einordnung in eine Weltordnung, ihr genauso unterworfen wie alle anderen Staaten. Zu Beginn seiner ersten Amtszeit wollte Präsident Clinton die UN stärken und amerikanische Streitkräfte ihrem Kommando unterstellen. Davon ist nichts mehr zu hören. Internationales Recht befolgen oder Firmen bestrafen, die mit verfemten Ländern handeln? Aus innenpolitischen Interessen außenpolitische Entschlüsse durchsetzen, denen die Welt folgen soll? Es ist ja so gut zu verstehen, daß den Amerikanern Bescheidenheit schwerfällt; anderen Gesetzen zu folgen als den selbst geschaffenen, haben sie kaum gelernt.

Immerhin ist ein Stück Realpolitik pur zu bestaunen. Gegenüber China kann »Wandel durch Annäherung« auf amerikanisch verfolgt werden: Jede Seite behält ihre unterschiedlichen ideologischen Meinungen, etwa zu Menschenrechten, und öffnet bisher geschlossene Schleusen wirtschaftlicher Zusammenarbeit. Jede Seite verspricht sich davon strategische Vorteile. Wessen Rechnung aufgeht, wird mit Spannung zu verfolgen sein. Zur Korrektur oder Änderung dieses Kurses haben sich beide Seiten Taiwan vorbehalten: Wenn man will, kann man darüber jederzeit streiten.

Immerhin zeigt Amerika gegenüber China, der nächsten potentiellen Weltmacht-Herausforderung, daß die Vorgänge auf dem Platz des Himmlischen Friedens – das Wort Massaker wird schon vermieden – die Beziehungen nicht länger dominieren sollen. Es wäre wohl nicht klug, die Chancen eines Milliarden-Dollar-Marktes zu verpassen und so nicht zu nutzen, was sie an friedlicher Beeinflussung und Stabilisierung der Region bringen können. Nur gegenüber der interkontinentalen Atommacht Rußland haben die USA eine vergleichbare Rücksichtnahme entwickelt, als es um die Regelung der Beziehungen zwischen Moskau und der NATO ging. Und Peking kann sich wieder in der Mitte fühlen, jetzt ohne die Bedrohung, die es von den Hegemonialmächten der bipolaren Welt empfand, jetzt mit Aussicht auf eine multipolare Welt, in der es zu einem Pol avanciert ist.

Es ist noch unentschieden, ob sich im 21. Jahrhundert eine Weltordnung entwickeln läßt, zu der unabdingbar »fremde«, nichtamerikanische Kulturen und Interessen genauso erforderlich sind wie die Amerikas. Ob Amerika demokratisch genug ist, Mehrheiten zu akzeptieren und sich Beschlüssen zu fügen, die gegen seinen Wunsch entstanden sind, ist Voraussetzung einer globalen Ordnung. Ob Amerika weise genug ist, die Welt zu führen, statt der Versuchung nachzugeben, die Welt zu beherrschen, ist ungewiß.

Nun ist es den Völkern, die einige hundert Jahre unter der römischen Ordnung gelebt und sich angepaßt haben, so schlecht nicht gegangen. Auch wenn es diesmal nicht nur um einen Teil der Welt, sondern um das Leben auf dem ganzen Globus geht, bereitet die Vorstellung, die Menschheit könnte einem amerikanischen Jahrhundert entgegensehen, nicht unbedingt schlaflose Nächte. Es kann für viele, die schwach oder müde geworden sind, Schutz, Sicherheit und ein ziemlich bequemes Leben bedeuten, und das wäre für viele mehr, als sie haben.

Die Entwicklung der globalen Kräfte wird wohl einen längeren Zeitrahmen als Jahrzehnte brauchen. Die angestellten Überlegungen gehen mehr ins dritte Jahrtausend als ins 21. Jahrhundert. Um das einzuschätzen sind die amerikanischen Ungewißheiten noch sehr groß. Es ist ein schwaches Argument: Ich glaube nicht, daß die Pax americana die letzte Antwort der Menschheitsgeschichte ist.

Pro und Contra NATO-Ausweitung

Henry Kissinger hat das Problem auf den Punkt gebracht: »Für uns war die NATO etwas Einzigartiges, Kostbares, etwas, das aus Elementen bestand, die bewahrt und gestärkt werden mußten. Die Generation, deren prägendes Moment Vietnam war, sieht die atlantische Allianz dagegen als ein Relikt des Kalten Krieges, wenn nicht sogar ein Hindernis auf dem Weg zur Überwindung desselben. Das Ziel dieser Generation ist nicht die Ausweitung der atlantischen Gemeinschaft. Sie möchte lieber ›Trennungslinien ausradieren‹. Und doch beruht ein Bündnis auf dem Prinzip, ein spezifisches Territorium einzugrenzen, das die Mitglieder verteidigen sollen. Eine sinnvolle Ausweitung der NATO bedeutet deshalb unweigerlich das Ziel neuer Grenzen.«

Aus europäischer Sicht ist die NATO kein Selbstzweck gewesen; schon Adenauer hat ihr keinen Ewigkeitswert zugebilligt, sondern sie als Mittel zum Zweck bezeichnet. Sie sollte die alte Bundesrepublik schützen, bis die Einheit erlangt sein würde. Für uns hat das Bündnis erreicht, wozu es gebraucht und gedacht war. In der Geschichte hat selten ein Bündnis lange Bestand gehabt, wenn es den Zweck erfüllt hatte, zu dem es gegründet worden ist. Nachdem es den Frieden durch Abschreckung des mächtigen Gegners bewahrt hat, konnte es, nun ohne Feind, vielleicht noch als eine Art Rückversicherung dienen, wenn es nicht einen neuen Sinn gewann. Die neue Aufgabe sollte die Zusammenarbeit mit den Gegnern von gestern werden.

Kissinger sieht in der sinnvollen Erweiterung die Ausdehnung von Macht gegenüber dem alten Gegner, um zu verhindern, daß er wieder zu einer Bedrohung werden kann. Auch in neuer Zeit soll das Bündnis die alte NATO bleiben, die darauf verweisen kann, daß die neuen Mitglieder der alten NATO beitreten wollen. Aber gegen wen sollen die neuen längeren Grenzen verteidigt werden?

Das amerikanische Vietnam-Trauma ergänzt sich mit dem europäischen Trauma, Europa militärisch abermals zu teilen, diesmal durch die Schuld des Westens. Aus amerikanischer Sicht kann machtpolitisch begründet werden, daß unter dem Dach der amerikanisch-russischen atomaren Zusammenarbeit die fortgesetzte Spaltung des Kontinents und seiner Streitkräfte sogar angenehm sein kann. Aus europäischer Sicht ist das unannehmbar.

Kissinger hätte es vorgezogen, die NATO unverändert mit ihrer historischen Aufgabe der Verteidigung Europas zu belassen und für Sicherheitsfragen ganz Europas die Organisation für Sicherheit und Zusammenarbeit (OSZE) zu benutzen. Ich habe das – obwohl aus anderen Motiven – nicht anders gesehen. Das wäre klar gewesen und hätte das Bündnis in seiner stabilisierenden Garantiefunktion erhalten; gleichzeitig wäre der

Raum für die Entwicklung gesamteuropäischer Strukturen eröffnet worden.

Statt dessen begab man sich auf den Weg der Doppeldeutigkeit. Halb Fleisch, halb Fisch, teils klassisches Bündnis mit Gegnern, teils Neues mit Partnern. Wird Rußland Partner oder bleibt es Gegner, im stillen so betrachtet und behandelt, daß es sogar wieder zum Gegner stilisiert wird, obwohl es das gar nicht will? Halb zog es sie, die Allianz, halb sank sie hin: Die NATO würde schneller und billiger neue Mitglieder verkraften als die EU, die langsamer und teurer ist, um östlichen Drang nach Westen zu befriedigen. Intellektuell ist es eine Zumutung, wenn Konzeptionslosigkeit zu Staatskunst verklärt wird. Das eine tun und das andere nicht lassen. Die Gleichzeitigkeit wird zu einem Nebeneinander von Parallelen befördert, deren Linien sich bekanntlich nie treffen, obwohl das gerade versprochen wird. Jetzt wären Orientierung und Klarheit zu gewinnen, wie Friede und Stabilität für ganz Europa konstruiert werden sollen.

Es ist kein Zufall, daß niemand das Ziel der NATO-Ausweitung definiert. Und Kissinger kritisiert zu Recht, daß der Präsident keine strategisch auch nur ansatzweise sinnvolle Begründung dafür gegeben hat.

Die fehlende Zielklarheit hat amerikanische Eliten die NATO-Ausweitung ablehnen lassen, die normalerweise sehr unterschiedlicher Auffassung sind. Linke wie rechte Isolationisten wollen keine neue Verpflichtung eingehen, Warschau verteidigen zu sollen wie Berlin. Liberale gäben das Geld lieber für Wirtschaftsförderung statt für neue Waffen aus. Die Garde der erfahrenen Abrüster, Diplomaten wie Generale, fürchten das Schüren antiwestlicher Ressentiments in Moskau und Verzögerungen sogar Unterminierung beim Abbau von Kernwaffen. Geostrategen verfolgen mit Sorge die Annäherung zwischen Moskau und Peking, das zur großen Herausforderung werden könnte. Historiker sehen Rußland in die Rolle des Gegners zurückgedrängt und erinnern an die Behandlung Deutschlands nach 1918; ein Rußland, das den Weg Weimars ginge, ist ein Alptraum.

Die Argumente für die NATO-Erweiterung lassen sich aus amerikanischer Sicht auf einen Kern zurückführen: Wir wollen nicht zum drittenmal den Atlantik überqueren und Frieden schaffen müssen. Wenn wir bleiben, werden wir Krieg in einer Region verhindern, in der viele Löwen und Lämmer nebeneinander in einer Gegend ohne demokratische Traditionen herumliegen. Solange wir nicht abseits stehen können, wollen wir zu unseren Bedingungen engagiert bleiben. Nicht so laut wird von lukrativen neuen Märkten gesprochen. Und hinter vorgehaltener Hand, daß es opportun bleibe, die Russen im Auge und eine freundlich-feste Hand auf die Deutschen zu halten. Der stellvertretende Außenminister, Strobe Talbot, zählt zu den Eventualitäten, für welche die NATO gewappnet sein muß, daß Rußland sich von der Demokratie abwenden und wieder zu jener internationalen Bedrohungshaltung zurückkehren könnte, von der die Geschichte des Landes wiederholt geprägt war.

Bei dieser Argumentation wird die Janusköpfigkeit deutlich, ob Rußland wirklich Partner oder wieder Rivale werden könnte. Aber eklatanter ist der Mangel aller dieser Argumente, das Ziel einer sich selbst tragenden Struktur für ganz Europa zu formulieren. Das amerikanische Interesse verlangt das nicht, das europäische Interesse sehr wohl.

Alarmieren muß zweierlei: Zum einen kann die Haltung der Widersprüchlichkeit geradezu herbeiführen, was vermieden werden soll; zum anderen fehlt die Antwort auf die Frage, welche Ordnung eigentlich für die Republiken der ehemaligen Sowjetunion vorstellbar ist.

Nehmen wir an, 1999 werden Polen, Tschechien und Ungarn Mitglieder der NATO. Wenn danach die nächste Runde beginnt, mit Slowenien und Rumänien und vielleicht anderen, werden mindestens drei bis vier weitere Jahre erforderlich sein, bevor die Voraussetzungen für deren Aufnahme erfüllt sind. Jedenfalls werden Staaten übrigbleiben, die nicht prinzipiell zurückgewiesen werden können. Also beginnt eine neue, dritte Runde von Verhandlungen, die immer schwieriger werden, weil das sicherheitspolitische Niemandsland zwischen NATO und Rußland immer enger wird. Falls diese Runde vier Jahre verlangt, haben wir eine Periode von rund zehn Jahren vor uns, in denen die Diskussion in Europa von der Erweiterung dominiert wird.

Dann wäre immer noch nicht entschieden, ob die Erweiterung die Kulturgrenze zwischen lateinischen und kyrillischen Sprachen überschreitet, die unglücklicherweise mitten durch das ehemalige Jugoslawien verläuft. Aber sogar von diesem bedeutenden Moment abgesehen, das auch bei geostrategischen Überlegungen nicht übersehen werden darf, wäre noch immer nicht entschieden, ob Staaten der ehemaligen Sowjetunion letztlich doch zurückgewiesen werden sollen.

Das ist das Dilemma: Osterweiterung einschränken bedeutet Abweisung beitrittswilliger Länder und eine Pufferzone zu Rußland, sicherheitspolitisches Niemandsland, in das niemand will. Osterweiterung nicht einschränken bedeutet potentiell Konfrontation zu Rußland. Das ist der augenblickliche Weg.

Niemanden kann es wundern, wenn Moskau diesen Vorgang als Annäherung eines mächtigen Bündnisses an seine Grenzen betrachtet. Wichtiger noch würde eine fatale Folge: Für mehr als zehn Jahre dürfte die russische Innenpolitik außenpolitisch von der Anti-NATO-Haltung dominiert werden. Schon jetzt sind sich alle Parteien von Schirinowskij auf der rechten bis zu Sjuganow auf der linken Seite mit dem gesamten Spektrum der Mitte einig in der Ablehnung. Es gibt in Deutschland kein vergleichbar beherrschendes außenpolitisches Thema, das von der PDS bis zur DVU und alle Parteien dazwischen gleichermaßen eint. Wenn es das gäbe, käme kein Kanzler dagegen an. Wie soll man von Jelzin oder seinem Nachfolger erwarten, die NATO-Ausweitung seinem Volk schmackhaft machen zu können?

In unserer schnellebigen Zeit bedeuten mehr als zehn Jahre eine Perspektive, in der Rußland geprägt werden und sich von einer Anti-NATO- zu einer antiwestlichen Haltung orientieren kann, mit wachsendem nationalen Selbstbehauptungswillen, nationalistischen Auswüchsen der Sorge um 25 Millionen Russen außerhalb seiner Grenzen. Je länger der ziellose Kurs der Ausweitung fortgesetzt wird, um so sicherer wird das Klima der Konfrontation angeheizt werden, fördert also der Westen, was er verhindern will. Unbegrenztes Offenhalten bedeutet unbegrenzte Spannung.

Aber ein anderes Moment kommt hinzu, das bisher in der Öffentlichkeit kaum diskutiert worden ist. Niemand will die NATO um Kasachstan erweitern. Was geschieht, wenn Georgien Mitglied werden will oder andere Republiken die heute formulierten Voraussetzungen einer Mitgliedschaft nicht besser erfüllen als die Türkei mit ihrem Kurdenproblem? Die ernste Frage ist, bis wohin bleibt die NATO offen? Welche Grenzen der Ausdehnung setzt sich das Bündnis? Doch bestimmt nicht bis China.

Wenn aber Ordnungsfunktionen in Mittelasien oder im Kaukasus für die NATO ausgeschlossen bleiben sollen, stellt sich unweigerlich die Frage, wer sie in Regionen ausfüllen soll, in denen viele Tiger und Hammel versammelt sind.

Es geht um die neuen Staaten im Süden der ehemaligen Sowjetunion. Wer ihnen bedeutet, daß sie draußen bleiben, sagt ihnen, daß sie sich auf die Ordnungsmacht Rußlands orientieren müssen. Sie sollen Mütterchen Rußland vertrauen und können ihre Sicherheit nur von und mit ihr bekommen. Wer in der Kategorie des erweiterten, aber begrenzten Einflußbereiches der NATO denkt, schafft und verstärkt unausweichlich den Einflußbereich der dort dominierenden Macht. Im Raum der GUS erhält Rußland die Funktion als Schutzpatron, der Frieden, Sicherheit, Ordnung erhält oder wiederherstellt, was durch den Faktor Islam komplizierter wird.

Wie wird Rußland diese hegemoniale Rolle spielen? Wird es sich an die Kälte erinnern, mit der die NATO erklärt hat, sie könne sich ausweiten, da Rußland es doch nicht verhindern könne? Wird Moskau machen, was es will, ähnlich dem Westen und sagen, was der deutsche

Außenminister über Moskau gesagt hat: »Die wissen, daß sie es nicht verhindern können?« Wenn jeder macht, was er kann, wird es nicht gemütlich. Wohlverhalten allein von den Russen zu verlangen, Regeln nur für sie aufzustellen, Rücksicht auf unsere Gefühle zu erwarten ohne Gegenseitigkeit – das wird nicht funktionieren. Die Konsequenz führt zu einem System der gegenseitigen Bindungen gleicher Qualität und beiderseitiger Rücksichtnahme.

Es ist töricht und feige, kleinen Staaten gegenüber unbekümmert zu tun, als nähme der Westen keine Rücksicht auf Rußland. Ja, wir nehmen Rücksicht, weder aus Schwäche noch aus Angst, sondern weil wir dieselbe Rücksicht von Rußland verlangen, abermals weder aus Schwäche noch aus Angst, sondern weil Zusammenarbeit und gegenseitige Bindung die Schlüssel einer sicheren Zukunft sind, gerade für die Kleinen.

Aus ganz gegensätzlichen Sorgen vor zuviel oder zuwenig Rücksicht auf Rußland kann man zum Gegner der NATO-Ausweitung werden. Unter dem Strich kommen so unterschiedliche Menschen wie Jelzin und Kissinger zu demselben Ergebnis, von George Kennan, dem Nestor der amerikanischen Rußlandkenner und Erfinder der Eindämmungsstrategie gegenüber der Sowjetunion, auf die Formel gebracht: »Der größte Fehler seit dem Ende des Kalten Krieges. Vielleicht kann die Zeitspanne genutzt werden, die Erweiterung so zu verändern, daß die schlimme Wirkung gemildert wird.«

Welch eine Lage: Bei einer Entscheidung, für die keinerlei Notwendigkeit bestand, ist es angezeigt, Schadensbegrenzung zu suchen!

Die Grundakte

Im zeitlichen Ablauf ist gerade noch die richtige Rangfolge demonstriert worden. Die Grundakte, die das Verhältnis zwischen der NATO und Rußland regelt, wurde feierlich in Paris unterzeichnet. Zwei Wochen später wurden in Madrid die drei Staaten eingeladen, ihre Mitgliedschaft vorzubereiten.

Im Grundlagenvertrag sollten die Beziehungen zwischen den beiden deutschen Staaten geregelt werden, solange es sie gab. Das hat funktioniert und brauchte bis zur Einheit nicht verändert zu werden. In der Grundakte sind Ziele und Mechanismen der Zusammenarbeit für eine stabile Ordnung in ganz Europa verpflichtend formuliert. Wenn sie angewendet werden, kann ein friedliches, ungeteiltes, geeintes und freies Europa erreicht werden. Das Ziel ist erreichbar, wenn alle Beteiligten die Grundakte zum Leitstern ihrer Außenpolitik machen.

Gerade weil »die Sicherheit aller Staaten in der euro-atlantischen Gemeinschaft unteilbar ist«, wie es dort heißt, soll der gute alte Gewaltverzicht, bekannt aus der Frühzeit der ersten deutschen Entspannungspolitik, wiederbelebt werden, ergänzt durch das Recht jedes Staates, die Mittel seiner Sicherheit selbst zu wählen (was dann auch für die Staaten der GUS gilt).

Der »ständige gemeinsame NATO-Rußlandrat« wird Organ und Mechanismus der neuen Gemeinschaft sein. Er wird monatlich oder öfter zusammenkommen und hat das Recht, alle Themen der Sicherheit zu beraten, die für seine Mitglieder von Belang sind, Initiativen zu entwickeln, Entscheidungen zu fällen für gemeinsames Handeln, einschließlich militärischer Operationen unter der Autorität der UN oder der OSZE.

Im einzelnen werden aufgezählt: Strategie, Verteidigungspolitik, Militärdoktrinen, Rüstungskontrolle, nukleare Sicherheit, Verhinderung der Verbreitung von atomaren, biologischen und chemischen Waffen, Abwehr taktischer Flugkörper, Luftverteidigung, Konfliktverhütung, vorbeugende Diplomatie, Krisenbewältigung und Konfliktbeilegung. Es fällt schwer, sich eine Frage vorzustellen, für die das neue Organ nicht zuständig ist. Der alte NATO-Rat der 16 behält selbstverständlich das Recht, im Falle eines Angriffs auf die NATO allein Beschlüsse zu fassen. Das könnte auch Rußland etwa im Falle einer chinesischen Aggression. Aber diese Wahrscheinlichkeit ist im einen wie im anderen Fall sehr gering; wer sollte verrückt genug sein oder über die Mittel verfügen, die NATO oder Rußland anzugreifen? Deshalb ist vorauszusehen, daß der alte NATO-Rat verkümmern und wenig Themen und Probleme haben wird. Das ist ja nur zu begrüßen. Das eigentliche Leben wird in dem neuen Organ stattfinden, die wichtigen auf die Zukunft gerichteten Aktionen und Beschlüsse werden dort fallen. Das ist dann wirklich die neue NATO.

Die neue NATO ist das Bündnis, in dem Rußland de facto Mitglied ist, natürlich mit einer ständigen Vertretung. Sie wird die Probleme und Differenzen zwischen NATO und Rußland auf natürliche Weise zum Verschwinden bringen, erwartet Generalsekretär Solana zu Recht; denn in den zwei Jahren seiner Praxis, ehe aus dem Rat der 17 ein Rat der 20 wird, kann Rußland voll in die Politik des Bündnisses einbezogen werden und sich überzeugen, daß die Mitgliedschaft von Polen, Tschechien und Ungarn nichts Bedrohliches enthalten wird. Nicht zuletzt die Beteiligung dieser Länder an den Beratungen können Klima und Vertrauen in dem neuen Organ der Gemeinschaft fördern.

Natürlich hat die amerikanische Außenministerin Madeleine Albright recht, wenn sie darauf hinweist, daß Rußland mit der Grundakte näher und dichter als je in seiner Geschichte an den Westen herangebracht wird. Es ist eine der großen offenen Fragen, ob Rußland das versteht, ob es seine Chance nutzt, konstruktiv für das Ziel der Grundakte wirkt, oder ob es seine Vorurteile pflegt und ein Störfaktor wird. Die Verantwortung Rußlands ist nicht geringer als die des alten Westens, ob die Grundakte das Fundament für Europas Stabilität wird oder scheitert. Mißtrauen ist noch auf beiden Seiten abzubauen. Aber es hängt nun von beiden Seiten ab. Das Einleitungskapitel für eine neue Ära ist geschrieben; wie die Folgerungen aussehen werden, bestimmt nun Rußland mit.

Gerade das macht Henry Kissinger melancholisch. Er fürchtet eine Aufweichung der alten NATO, ihre eingeschränkte schnelle Handlungsfähigkeit, wenn sie etwa im Golf oder in Nordafrika intervenieren will. Das würde dann in der Tat – hoffentlich nicht – eine ebenso große Belastungsprobe sein wie russische Truppenbewegungen in Weißrußland oder ein für möglich gehaltener Druck auf die Ukraine, die das Bündnis vorsorglich durch ein gesondertes Dokument der Zusammenarbeit abzuschirmen versucht hat. Es »unterstützt« die Unabhängigkeit der Ukraine, ohne sie zu garantieren. Außerdem sieht Kissinger den Versuch der Europäer voraus, eine amerikanisch-russische Vorherrschaft zu verhindern oder den Versuch der Russen, Verbündete gegeneinander auszuspielen oder Alleingänge mit den Russen zu unternehmen, nun ein eingebautes, risikoloses Element im neuen System. Alles zusammen würde es den Amerikanern schwer machen, diese unruhigen Gewässer schadlos zu durchschiffen.

Doch Kissinger hat ein weiteres Argument. Er macht darauf aufmerksam, daß nun der NATO etwas von ihrem Bündnischarakter genommen und sie in die Nähe eines kollektiven Sicherheitssystems gerückt wird. Das trifft zu. Aber nachdem der alte Gegner nicht mehr abgeschreckt werden muß, ist es nur logisch, mit ihm die Partnerschaft der Sicherheit kollektiv zu organisieren, solange er nicht de jure Mitglied wird. Die Grundakte weist dem alten Bündnis die Funktion der Notbremse zu und steckt den Rahmen für ein neues gesamteuropäisches System ab. Sie kann erreichen, was die Erweiterung nicht erreichen kann, weil diese Grauzonen schafft. Würde die Idee der Grundakte, also Sicherheit mit Rußland, scheitern, müßte Sicherheit vor Rußland wieder Priorität werden, also die Politik der Ausweitung weiter verfolgt werden.

Zwischen der Politik der Grundakte und der Politik der Ausweitung besteht ein innerer Widerspruch. Wenn man die Grundakte mit Leben erfüllt, wie es so schön heißt, wird die Fortsetzung der Ausweitung unnötig. Deshalb mag es im alten Westen wie im alten Osten genug Interessen geben, den Geist der Grundakte in der Flasche zu lassen und mit dem Korken neuer Mitgliedsbewerber zu verstopfen. Die Belastbarkeit der Grundakte zu erproben, kann Versuchung in Ost wie West werden. Der muß man widerstehen.

Damit auf der Grundakte das gemeinsame Haus der Sicherheit errichtet werden kann, müssen seine Mitglieder das Bewußtsein der Gemeinsamkeit entwickeln. Was Kissinger befürchtet, sollte geradezu zu einem Lebenselixier werden: Der Rat der 17 oder bald 20 muß Gruppenbildungen zwischen alten und neuen Mitgliedern überwinden. Jeder hat das gleiche Recht, und jeder kann mit jedem reden, ihn überzeugen und für seine Vorstellungen werben. Alleingänge zwischen Amerikanern und Russen wird es auch weiterhin geben und solche der Europäer mit beiden und untereinander auch. Alleingänge sind kein Seitensprung, der die Treue zum alten Bündnis bricht, solange sie getreu den neuen Verpflichtungen der neuen Gemeinschaft dienen. Da mögen sich dann ungewohnte und neue Mehrheiten bilden, legitimiert durch den Zweck der gesamteuropäischen Sicherheit. Das liegt in der Natur des neuen Organs.

Die Grundakte schafft ein neues, gesamteuropäisches Gremium. Wie weit Amerika als europäische Macht Mehrheitsbeschlüsse akzeptiert, die es eigentlich anders wünscht, wird spannend werden.

OSZE – die gesamteuropäische Ergänzung

Die Grundakte enthält die Verpflichtung zur Unterstützung der Organisation für Sicherheit und Zusammenarbeit in Europa (OSZE), der umbenannten KSZE. Damit könnte das einzige Instrument gestärkt werden (vielleicht sogar eine Schlüsselrolle gewinnen, wie die Grundakte erklärt), das Gesamteuropa umfaßt. So zentral der Rat der 17 ist, so kann er doch nicht über die 54 Staaten entscheiden, die in der OSZE zusammenarbeiten. Das Dokument »NATO – Rußland« stellt die strategische Hardware dar, doch erst mit der Software der Vertrauensbildung, der Überwachung von Wahlen, dem Minderheitenschutz, um nur einiges zu nennen, kann Aussicht auf Befriedigung des größeren Gesamtraums gewonnen werden.

Auf dem Hintergrund der deutschen Entspannungspolitik wurde in Helsinki 1975 der erste substantielle Anlauf unternommen, trotz Fortbestehen der Blöcke die Zusammenarbeit für ganz Europa zu regeln. Die Sicherheit durch Kooperation sollte neben der Sicherheit durch Abschreckung entwickelt werden. Die Prinzipien, die die Staats- und Regierungschefs feierlich unterzeichneten, schufen begrenzte Freiheitsräume für Dissidenten und Bürgerrechtler in Osteuropa; gleichzeitig sollten die bedrohlichen Streitkräfte reduziert werden, um ein Gleichgewicht zwischen Ost und West zu erreichen.

Als sich die Sowjetunion auflöste, unterschrieben die neuen Republiken alle Verpflichtungen. In der neuen Epoche wurde die OSZE zu einer Organisation, die nur so stark war, wie ihre Überzeugungskraft reichte. Sie konnte und kann nichts erzwingen. Ihre Geschichte ist eine Lektion über die Macht für alle, die sich wünschen, ein international akzeptiertes Papier genüge, damit guter Wille und Vernunft herrschen.

Sie war zu schwach, um den Krieg in Jugoslawien zu beenden oder den in Tschetschenien zu verhindern. Wer einem Kind einen schweren Rucksack aufbürdet, kann es nicht schelten, wenn es die Last nicht tragen kann; die OSZE verfügte weder über Instrumente, noch Truppen, noch Geld für solche Aufgaben. Was sie konnte, hat sie geleistet: Sie hat Waffenstillstandsvereinbarungen überwacht, wie in Albanien, Wahlen organisiert, wie in Bosnien, Konflikten vorgebeugt und Streitigkeiten beigelegt. Das alles hat die Öffentlichkeit kaum wahrgenommen. Warum soll man sich aufregen, wenn es irgendwo keinen Krieg gibt? Die NATO kann durch massiven Einsatz Krieg ersticken und Waffenstillstände erzwingen, sie kann nicht friedlich demokratischen Aufbau befehlen und Menschenrechte durchsetzen. Da ist die OSZE überlegen. Und beide Organisationen versagen, wenn die Menschen oder die Gruppen sich nicht vertragen wollen und ihren Haß weiter pflegen. Keine internationale Organisation kann Versöhnung erzwingen.

Auch wenn kein Staat der OSZE zur Zeit seine Sicherheit anvertrauen möchte, spielt sie ihre Rolle für Konfliktverhütung und friedliche Streitbeilegung. Nun ist ein Nordatlantischer Partnerschaftsrat gegründet worden, in dem das Bündnis die meisten Nicht-NATO-Staaten versammelt, teils um ihnen ein Forum zu geben, teils um gesamteuropäische Sicherheitsfragen zu diskutieren. Aber ersetzen kann dieser Rat die OSZE nicht: Auf der einen Seite, weil dieser Nordatlantikrat nicht alle Staaten zusammenfaßt, auf der anderen, weil die OSZE ihre Kontrollfunktionen behält und neue Aufgaben wird übernehmen müssen.

Wenn der Rat der 17 zum Beispiel ein gemeinsames militärisches Luftverteidigungssystem beschließt, wer soll die Vereinbarungen dann überwachen? Das westliche Bündnis allein jedenfalls nicht: Die OSZE hat bereits die dafür erforderlichen Einrichtungen. Wenn zwischen Lissabon und Wladiwostok das Prinzip des offenen Himmels verwirklicht wird, auch militärisch, dann werden nicht nur Überraschungsangriffe unmöglich, weil alle Luftbewegungen in einer Behörde gemeldet und allen Regierungen zeitgleich bekannt werden, dann wird das auch Auswirkungen auf die Flugzeugtypen haben und die Struktur der Luftstreitkräfte, die Angriffsfähigkeiten reduzieren können. Allein dies wäre eine bedeutende zusätzliche Funktion der OSZE in der Zukunft.

Inzwischen zeichnen sich weiterreichende Aufgaben ab: In Wien wird über eine Sicherheitscharta beraten, die alle Mitglieder der OSZE zu Beistand verpflichtet, wenn einer ihrer Staaten bedroht wird. Das wäre zwar noch keine »Garantie«, wie sie ein Bündnis gibt. Aber das Netz eines europäischen Sicherheitsmodells zeichnet sich ab, auch tragfähig für Staaten, die weder der NATO noch der EU beitreten wollen oder können. Die Region Europa sollte diesen Weg gehen, auch wenn Amerika dagegen Vorbehalte hegt.

Rußland in seinem verständlichen Bestreben, gleichberechtigt mit dem Westen an einem Tisch zu sitzen, sah in der OSZE lange Jahre das dafür geeignete Instrument. Daraus resultierte sein Wunsch, die OSZE zu stärken, ihre Kompetenzen zu erweitern, ihr einen Sicherheitsrat zu geben, der, falls erforderlich, NATO-Truppen anfordern und seiner politischen Führung unterstellen sollte. Im Kern sind diese Ziele mit der Grundakte erreicht. Das Interesse Rußlands an der OSZE scheint nachzulassen, nicht zuletzt, weil Moskau bewußt wird, daß seine Hände gegenüber den GUS-Staaten besonders in Zentralasien gebunden würden, je engmaschiger die Regeln ausfallen, die verbindlich für alle OSZE-Staaten vereinbart werden. Die Supermacht liebt Mehrheitsentscheidungen nur begrenzt, die Großmacht auch.

Die Bindung der Großen an das nötige Regelwerk der europäischen Strukturen ist ein politisches, weniger ein völkerrechtliches Problem. Auch wie Rußland sich gegenüber Beschlüssen verhalten wird, die es eigentlich anders gewünscht hätte, wird spannend werden. Das Interesse Europas spricht für die Stärkung der OSZE. Das hängt vom Willen der Regierungen ab, nicht zuletzt auch dem der deutschen Regierung.

Ihren größten Verdienst hat sich die OSZE bei der Rüstungskontrolle durch ihr Kind, den KSE-Vertrag, erworben. Es berechtigt zur Hoffnung, daß die Grundakte dem »Vertrag über die konventionellen Streitkräfte in Europa« (KSE) eine zentrale Bedeutung zuweist.

Zugespitzt könnte man den Rat der 17 als »Regierungsorgan«, die OSZE als Organ der verwaltungsmäßigen Durchführung und die KSE als Mittel sehen, die konventionellen Streitkräfte weiter abzurüsten. Dieser Dreiklang schafft die Elemente für ein gemeinsames und umfassendes Sicherheitsmodell für das Europa des 21. Jahrhunderts.

KSE – die militärische Perspektive

Als die beiden Deutschen das Glück ihrer neuen Leidenschaft erlebten, ohne ihre vorherigen ernsten Bindungen zu verhehlen, entging den beiden Spät- aber Frischvermählten im Aufruhr ihrer Gefühle, daß sie eine wertvolle Mitgift in die nun unauflösliche Ehe einbrachten: die willkommene Verpflichtung, ihre Streitkräfte zu reduzieren. Das Geschenk verminderter Bedrohung und verminderter Kosten sollte nicht nur den Deutschen zuteil werden; alle Staaten des KSE-Vertrages sollten in diesen Genuß von Entspannungspolitik und neuem Denken kommen.

Dieser Vertrag ist das letzte Kind des Kalten Krieges, ein spätgeborener Sprößling der beiden Blöcke, im Dezember 1989 in die Welt gesetzt. Die Warschauer-Vertrags-Staaten konnten ihn gerade noch unterschreiben, bevor der Pakt sich auflöste. Das Kind trug die Erbanlagen seiner Eltern: Die hatten sich entschlossen, gegenseitige Bedrohung abzubauen und ein konventionelles Gleichgewicht herzustellen. Wer mehr hatte, sollte mehr abbauen. Das Gleichgewicht wurde zwischen Ost und West sorgfältig ausbalanciert. Die deutsche Teilung, Mittelpunkt der europäischen Teilung, bildete die

Grundlage der Berechnung. Die Bundeswehr wurde in die Waagschale des Westens, die Nationale Volksarmee (NVA) in die des Ostens gelegt.

Plötzlich verschwand die Grundlage der Kalkulation, die deutsche Teilung, und mit ihr bald danach die sowjetische Elitearmee aus der Mitte Europas. Mit dem Ende der Kommandostrukturen des Warschauer Vertrages änderte sich die militärstrategische Lage in Europa fundamental. Doch ein Wunder geschah: Alle Staaten, auch solche, die es zur Zeit des Abschlusses noch gar nicht gab, hielten sich an den Vertrag. Das Wunder ist bestimmt durch die Einsicht gefördert worden, daß glücklicherweise so viele Soldaten nun nicht mehr nötig seien.

Wie auch immer: KSE entwickelte sich zum erfolgreichsten Abrüstungsinstrument der Geschichte. Mehr als 50000 schwere Waffensysteme, Panzer, gepanzerte Fahrzeuge, Geschütze, Kampfflugzeuge und Hubschrauber wurden verschrottet. Das Mißtrauen zwischen Ost und West hatte noch Pate gestanden und wasserdichte Kontrollen verlangt, unterstützt durch ein System der Vertrauensbildung und der Verifikation auch durch nicht angekündigte gegenseitige Überwachungen. Nach wenigen Jahren konnte festgestellt werden, daß mehr als 3000 Kontrollbesuche in allen Ländern stattgefunden, alle Länder sich diesen Kontrollen unterworfen und vor allem alle eingegangenen Verpflichtungen erfüllt haben. Die konventionelle Seite der europäischen Sicherheit ist durchsichtig, Überraschungen sind unmöglich geworden. Von alledem hat die Öffentlichkeit kaum Notiz genommen. Sie wandte sich im richtigen Gefühl, die Bedrohung losgeworden zu sein, näheren Sorgen zu.

Das Gleichgewicht war weg. Die Bilanz zeigte ein überraschendes, nie geplantes Ergebnis: Die Überlegenheit des Warschauer Paktes gegenüber der NATO hatte 3:1 betragen. Ziel von KSE war 1:1. Die neue Lage zeigte eine Überlegenheit des Westens von 2:1, die nach dem Beitritt der neuen NATO-Staaten 3:1 gegenüber Rußland werden könnte. Das war nicht beabsichtigt.

Außerdem: Vor der ersten NATO-Erweiterung – dem »Beitritt« der DDR – hatten Bush und Baker, Kohl und Genscher 1990 der Sowjetunion versichert: »Wir rücken euch nicht auf den Pelz«, wenn die DDR NATO-Gebiet wird. Nun erklärte die NATO 1997, auch künftig offen für weitere Aufnahmen zu bleiben. Damit stand die Basis des ganzen KSE-Systems in Frage.

Was tun? Es zeigte sich, daß der Vertrag eine so segensreiche Mitgift des Kalten Krieges für die neue Epoche geworden war, daß Europa ihn nicht aufs Spiel setzen wollte. Also mußte anstelle des alten Gleichgewichts, austariert nach Gruppen und Zonen, ein neues Gleichgewicht erdacht werden. Das neue Konzept, an dem deutsche Diplomaten maßgeblich mitgearbeitet haben, will für jeden der 30 KSE-Staaten territoriale und nationale Obergrenzen seiner Streitkräfte bestimmen, auf abermals verringertem Niveau. Auf diese Weise würde ein Netz von Staaten mit Streitkräften entstehen, die gegenseitig kaum noch angriffsfähig wären.

Ein besonderes Problem bildet auf der einen Seite das Bündnis: Die deutschen Obergrenzen der Bundeswehr zum Beispiel müssen natürlich durch die Zahl der bei uns stationierten amerikanischen Soldaten reduziert werden. Auf der anderen Seite: Kein GUS-Staat könnte seine ihm zugebilligten Obergrenzen durch zeitweilig anwesende russische Truppen überschreiten. Die schweren Waffensysteme sind jeweils zuzuordnen, die Lockerungen für kurzfristige Manöver verschiedener Staaten müssen geregelt werden – diese und eine Reihe weiterer komplizierter Fragen sind zu lösen. Dabei kann hilfreich sein, daß die gegenwärtigen Ist-Stärken in den meisten Fällen bereits unterhalb der alten zugestandenen Höchstgrenzen liegen. Wenn Staaten auf eigene Truppen zugunsten ausländischer verzichten können, muß dieses Recht für Polen und Tschechien in Übereinstimmung mit der NATO-Zusage gebracht werden, gerade keine fremden Truppen dorthin oder nach Ungarn zu verlegen.

Man soll die noch zu lösenden Schwierigkeiten nicht geringschätzen, aber drei Faktoren stimmen optimistisch:

1. Rußland hat die Grundelemente des neuen Systems akzeptiert. Seit dem Mai 1997 wird darüber in Wien verhandelt.
2. Das gesamte Kontroll- und Verifikationssystem kann und soll für den modernisierten KSE-Vertrag gelten, braucht also nicht mehr verhandelt zu werden.
3. Die Grundakte sieht in dem angepaßten KSE-Vertrag ein unentbehrliches Element für das angestrebte gemeinsame und umfassende Sicherheitsmodell Europas im nächsten Jahrhundert.

Die Staats- und Regierungschefs der 54 OSZE-Staaten haben auf ihrem Gipfel im Dezember 1996 in Lissabon den Rahmen für Verhandlungen für ein solches Netz miteinander verknüpfter und einander verstärkender

Verpflichtungen beschlossen. Sie haben ausdrücklich vorgesehen, daß der Geltungsbereich über die 30 KSE-Staaten ausgeweitet werden und zusätzliche Waffen- und Ausrüstungskategorien umfassen kann.

Es besteht begründete Aussicht, den angepaßten KSE-Vertrag bis zum Frühjahr 1999 unterschriftsreif zu machen. So ist das auch vorgesehen. Der Zeitrahmen sieht also das Zusammentreffen zweier Ereignisse: Die völkerrechtliche Aufnahme der drei neuen NATO-Mitglieder und den Abschluß des neuen KSE-Vertrages.

Dieser Vertrag wird Durchsichtigkeit der Streitkräfte und Stabilität durch Kontrollen, also Sicherheit bringen. Für dreißig Staaten. Das sind mehr als die dann zwanzig Staaten der NATO. Was wollen die zehn Nicht-NATO-Staaten mehr als Sicherheit, die ihnen der neue KSE-Vertrag bringt? Dieser Vertrag kann der Schlüssel werden, um die Fortsetzung der Erweiterungsdebatte zu stoppen, weil er die Erweiterung überflüssig macht. KSE kann zur Schadensbegrenzung werden und eine jahrelange Konfrontation zu Rußland vermeiden helfen. Er kann um so mehr zum Instrument gesamteuropäischer Zusammenarbeit ausgebaut werden, wenn die Elemente entwickelt werden, um gleiche Sicherheit für alle Staaten »zu gewährleisten«, unabhängig von Mitgliedschaft in einem Bündnis. So sieht es die Grundakte vor.

Die Ergänzung durch Garantien für die zehn Staaten und weitere, die das wollen und ihm beitreten, das wäre bereits die Grundstruktur europäischer Stabilität. Sie schließt nicht einmal zentralasiatische Staaten aus, die bereits Mitglied der OSZE sind, und würde der von Rußland zugesagten »konventionellen Zurückhaltung« in jenem Raum Substanz geben. Die Konturen eines Königswegs zeichnen sich ab.

Übrigens empfiehlt die Grundakte, der auch Deutschland zugestimmt hat, allen Staaten, also auch Deutschland, freiwillig eine Verringerung ihrer Streitkräfte schon jetzt zu erwägen, gewissermaßen im Vorgriff dessen, was sich alle ohnehin vorgenommen haben. Das betrifft dann auch die Bundeswehr.

Unsere Bundeswehr

Ziemlich dumme und ziemlich üble Verbündete haben wir. Die sind so töricht, Armeen mit überalterten Soldaten zu unterhalten. Amerikaner, Engländer, Franzosen, Niederländer und Belgier leisten sich Streitkräfte, die für die Landesverteidigung nur bedingt einsatzfähig sind. Vielleicht glauben die sogar, Landesverteidigung sei gar nicht mehr so wichtig und die uns bedrohenden Gefahren seien gar nicht mehr so groß, daß man schnell genug den nötigen Aufwuchs vorbereiten muß. Da sind die Deutschen klüger, die für die Beibehaltung der allgemeinen Wehrpflicht argumentieren: Nur so bleibt die Bundeswehr jung, für ihre Hauptaufgabe der Landesverteidigung geeignet und im Falle einer neuen Bedrohung schnell genug wieder aufzufüllen. Warum nehmen die Verbündeten sich nicht an diesen cleveren Deutschen ein Beispiel?

Aber die Sache wird ja noch schlimmer: Weil sie Berufsarmeen haben, erliegen die Verbündeten der Neigung oder Versuchung, das Leben ihrer Untertanen leichtfertig aufs Spiel zu setzen und schnell mal irgendwo zu intervenieren. Das ist der Umkehrschluß, wenn hierzulande argumentiert wird, die allgemeine Wehrpflicht sei der beste Garant für die Politik der Zurückhaltung bei Einsätzen, die nicht der Landesverteidigung dienen. Oder soll das heißen: Die Zurückhaltung der anderen mit ihren Berufsarmeen schaffen wir, die Deutschen, nur, weil uns die Wehrpflichtarmee ausreichend hindert? Mit einer Berufsarmee könnten wir uns nur noch schwer bremsen?

Damit noch nicht genug: Die gesellschaftliche Integration der Streitkräfte, die Verhinderung, daß sie Staat im Staate werden, die Innere Führung, das alles soll auf dem Spiel stehen, wenn die allgemeine Wehrpflicht abgeschafft würde. Sind also die Streitkräfte unserer Verbündeten nicht demokratisch integriert, kontrollierbar, in ihren inneren Strukturen überschaubar, oder trauen wir uns selbst nicht, das zu schaffen, was ältere Demokratien schaffen?

Oder haben wir Sorge, die nachlassende Bereitschaft in unserer Gesellschaft, einen Beitrag für die Gemeinschaft zu leisten, könne ohne die Wehrpflicht nicht geheilt werden? Soll die Bundeswehr doch wieder die Schule der Nation werden?

Haben wir Angst vor uns? Das spräche für den italienischen Ministerpräsidenten Prodi, der, wenngleich in anderem Zusammenhang gesagt hat, er hätte Angst vor einem Deutschland, das Angst vor sich selbst habe. Aber wir brauchen uns doch keine Sorgen zu machen: Selbst wenn die deutsche Politik unzuverlässig schwanken wollte, bliebe die Bundeswehr zuverlässig durch die NATO kontrolliert. Wir sind das einzige NATO-Mitglied, das seine gesamten Streitkräfte unter das Oberkommando der Allianz gestellt hat. Die Wehrpflicht taugt weder zur Entschuldigung noch zur Begründung für außenpolitische Zurückhaltung; ob Wehrpflicht oder Berufsarmee: Keine Organisationsform unserer Streitkräfte erspart der Bundesregierung, in jedem einzelnen Fall zu entscheiden, an welchen Aktionen sie sich unter der Verantwortung der UN oder der OSZE außerhalb des NATO-Gebiets beteiligen will.

Was ist das für eine verdrehte Diskussion, die tut, als sei die Bundeswehr für die allgemeine Wehrpflicht geschaffen worden, ohne die sie sinnvoll ihre Aufgaben kaum noch erfüllen könnte, Sicherheit und Stabilität des Landes zu garantieren? Die Bundeswehr ist geschaffen worden, weil die Deutschen für die Verteidigung gegen mögliche Angriffe aus dem Osten gebraucht wurden und unsere Verbündeten zu Recht erwarten durften, die Bundesrepublikaner sollten sich daran beteiligen. Gegen einen überlegenen potentiellen Feind war eine möglichst große Armee gefragt, und die verlangte die allgemeine Wehrpflicht. Die allgemeine Wehrpflicht war das unerläßliche Mittel zum Zweck.

Mit der Pflicht jedes Bürgers, sein Land zu verteidigen, verband sich im geteilten Land die Bereitschaft, auch die eigenen Werte von Freiheit und Demokratie zu schützen. Jeder neue Jahrgang, der in die Kasernen gerufen wurde, trug dazu bei, in den Familien das Bewußtsein der Systemauseinandersetzung zu schärfen. Die unleugbar gefährliche Spannung rechtfertigte das Verlangen des Staates. Jeder seiner jungen Bürger sollte bereit sein, seine Lebensplanung zu unterbrechen und für eine spürbare Dauer mit oder ohne Waffen dem Gemeinwesen zu dienen. Ich bin ein überzeugter Anhänger der allgemeinen

Wehrpflicht gewesen und habe sie vielfach auch aus Anlaß öffentlicher Gelöbnisse der Rekruten vertreten.

Bundespräsident Roman Herzog: »Die Wehrpflicht ist ein so tiefer Einschnitt in die individuelle Freiheit des jungen Bürgers, daß ihn der demokratische Rechtsstaat nur fordern darf, wenn es die äußere Sicherheit des Staates wirklich gebietet. Sie ist also kein allgemein gültiges, ewiges Prinzip, sondern sie ist abhängig von der konkreten Sicherheitslage.« Und Verteidigungsminister Volker Rühe: »Für Deutschland ist die Bedrohung des Kalten Krieges irreversibel überwunden.«

Heute gibt es weder Bedrohung noch Systemgegensatz noch Teilung mehr. Die Deutschen müssen sich nicht mehr wehren. Die dauernde Bereitschaft, sich zu wehren, ist weder gefragt noch gefordert. Die innere Begründung der allgemeinen Wehrpflicht ist weggefallen, die von jedem einzelnen, ungeachtet seines Herkommens, seiner Bildung oder Stellung des Elternhauses, das Opfer verlangen durfte und mußte. Geblieben ist eine Haltung, die Präsident Kennedy zu dem Appell formuliert hat, weniger zu fragen, was der Staat für den Einzelnen tun könne, als vielmehr, was jeder für den Staat tun könne. Doch das führt zu dem Gedanken einer allgemeinen Dienstpflicht, die dann für Frauen wie Männer zu gelten hätte. Das wäre durchaus sinnvoll.

Nach dem Epochenwechsel ist zu fragen, welche Aufgaben die Bundeswehr erfüllen soll und welche Struktur dafür am zweckmäßigsten ist.

1995 ist eine richtige Grundentscheidung getroffen worden. Die Bundeswehr ist in Hauptverteidigungskräfte und in Krisenreaktionskräfte geteilt worden. Diese

Einteilung, die möglichst keine Aufteilung sein soll, unterscheidet zwischen der traditionellen Hauptaufgabe, die unnötig geworden ist, und der neuen Aufgabe, für die die Bundeswehr nicht geschaffen wurde. An der Bundeswehr ist abzulesen, wie grundverschieden die Lage nach dem Epochenwechsel geworden ist – die alte Bundeswehr wird nicht mehr gebraucht –, und wie schwer es fällt, in der neuen Lage konsequent neu zu denken. Die notwendige Reform der Bundeswehr kommt in der Tat der Aufgabe gleich, die Bundeswehr neu aufzubauen.

Die Massen von gepanzerten Stoßarmeen, gegen die wir starke und schwere Panzerkräfte aufgestellt haben, sind weg. Aus den 48 Stunden Vorwarnzeit sind Monate geworden, deren Zahl mit jedem Monat größer und gegenstandsloser wird, in dem neue Verbündete und neue Partner im Osten ihre Armeen verringern und demokratisieren. In dürren Worten: Die alte Bundeswehr hat ihre Pflicht getan und wird nicht mehr gebraucht. Das ist für manchen Soldaten bitter und für das ganze Land erfreulich.

Es ist nur vernünftig, in die Ausrüstung von Verbänden, die nicht mehr benötigt werden, kein Geld mehr zu verschwenden. Nicht alle Panzer und Fahrzeuge müssen durch Ersatzteile einsatzbereit gehalten werden; wenn sie sich »kannibalisieren« und die Divisionen schrumpfen, trägt das kostengünstig zur notwendigen Strukturveränderung bei.

Eine neue Ausrüstung und eine neue Struktur der neuen Streitkräfte für neue Aufgaben, das verlangt die neue Lage. Für die notwendigen Reformen hat die Stunde der Wahrheit begonnen, aber die Uhr soll angehalten werden. Nicht nur, weil Strukturreformen Zeit brauchen, besonders wenn es sich um einen gewachsenen Organismus handelt, sondern noch mehr, weil im Vorfeld von Wahlen um Himmels willen vermieden werden soll, zur Standortdebatte Deutschland noch zusätzlich zu diskutieren, welche Standorte in Deutschland geschlossen werden sollen. Aber die Methode der Homöopathie, die Menschen und ihre Psyche schonen soll, wird den chirurgischen Schnitt nicht ersparen. Die gewonnene Zeit sollte genutzt werden, um die Entscheidungen zu bedenken und vorzubereiten, die in der neuen Legislaturperiode fällig sind.

Es steht Deutschland frei zu erklären: Wir erhalten unsere Bundeswehr mit 340000 Mann. Anders als unsere Nachbarn trauen wir dem Frieden nicht und bleiben, vorsichtig und mißtrauischer als unsere Verbündeten, auch in ihrem Interesse für den Fall aller Fälle vorbereitet. Außerdem erhalten wir damit die geliebte Wehrpflicht, ohne die Kohl nicht mehr Bundeskanzler sein will. Das werden die Verbündeten gelassen hören, solange nicht genügend Geld da ist, um die ganze Bundeswehr zu modernisieren, und ihre nicht mehr benötigten Teile veralten und verfallen.

Die Ebbe in der Staatskasse wird zur Verkleinerung zwingen und die Bedrohung, die gegen Null tendiert, wird sie erlauben. Und wenn der Bund wieder flüssiger wird – aufs innigste zu wünschen –, ist die Minderung von Schulden wichtiger als die Mehrung der Bundeswehr. Nur aus finanziellen Gründen sind die Streitkräfte von 370000 auf 340000 verringert worden. Mit den rund 46 Milliarden D-Mark im Haushalt ist die Bundeswehr in ihrer heutigen Stärke unterfinanziert. Die gegenwärtige Struktur bei zehnmonatigem Grundwehrdienst und 140000 zivilen Mitarbeitern ist mit diesem Betrag nicht zu erhalten. Die Perspektive im Herbst 1997: Die Personalkosten steigen auf 60 Prozent, die Investitionen sinken unter 20 Prozent, der Rest muß für Ausbildung und Betrieb reichen. Eine moderne Armee sollte einen Investitionsanteil von mindestens 30 Prozent vorsehen, etwa das gleiche für Ausbildung und Betrieb, und nicht mehr als 40 Prozent für das Personal ausgeben.

Die Perspektive junger Soldaten mit alten Waffen stellt zwar unsere Bündnisfähigkeit nicht in Frage, wohl aber unser Gewicht in ihr ganz besonders, wenn europäische Handlungsfähigkeit ein herausragendes Ziel deutscher Politik werden soll. Die Amerikaner überlegen, wie der »Warrier 2000« aussehen soll und was die strategisch erkennbaren Aufgaben an Änderungen der Struktur der amerikanischen Streitkräfte bis 2010 erfordern. Sie wollen die notwendigen militärischen Aufgaben mit möglichst wenig Personal erfüllen und bei möglichst geringer Eigengefährdung der Soldaten Wirkung auf große Entfernungen erzielen. Das verlangt Präzision, Allwetterdurchsetzungsfähigkeit, Kosteneffektivität bei einem Einsatz, der auf allen Ebenen mit aktueller Information stattfinden kann. Elektronischer Kampf, entsprechende Aufklärung und Führungssysteme gewinnen immer höhere Bedeutung. Amerika schläft nicht auf dem Lorbeer des gewonnenen Kalten Krieges ein, während in Deutschland das Geld gestreckt werden muß, weil es nicht einmal für den geplanten europäischen Aufklärungssatelliten reicht, aber reichen muß, um einen zum Tabu erklärten zahlenmäßigen Umfang der Streitkräfte zu erhalten. Quantität vor Qualität, das ist das Gegenteil von »mehr sein als scheinen«.

Das Deutsche Reich zwischen den beiden Kriegen war größer als die Bundesrepublik. Die Weimarer Republik hatte keine Verbündeten und lebte mit 100000 Soldaten sicher. Die Bundesrepublik ist von Verbündeten umgeben, nicht bedroht und behauptet, 340000 Soldaten zu brauchen. Das wirkt komisch. Nun kommen noch die Polen, Tschechen und Ungarn dazu, in deren zusätzlichem Schutz wir leben, ohne zu fragen, um wieviel Soldaten wir schon allein deshalb unsere Streitkräfte verringern können. Sie könnten modernisiert werden, was neue Aufträge auslösen und neue Arbeitsplätze schaffen, dem Standort Deutschland mit seiner Industrie helfen und den Staatssäckel entlasten würde. Die Verbündeten haben ihre Konsequenzen gezogen und ihre Streitkräfte um zwei Drittel auf 500000 Soldaten in Deutschland gekürzt. Warum brauchen wir so viel mehr Zeit, bevor wir bislang heilige Kühe schlachten?

Um die Stärke der neuen Bundeswehr zu bestimmen, müssen ihre Aufgaben klar sein. Die künftige Bundeswehr sollte die deutsche Politik befähigen, gesamteuropäische Stabilität durch kollektive Verteidigung mit allen Rechten und Pflichten zu erreichen, europäische Interessen als globaler Partner zu verfolgen und unseren Bündnisverpflichtungen gerecht zu werden.

Niemand kann heute genau wissen, ob und welche Aufgaben sich bei der Verteidigung der Verbündeten stellen, vielleicht im Süden oder Südosten des Kontinents; aber eine Massenarmee wird nicht gefragt sein. Niemand kann heute genau wissen, für welche Friedensmission die Vereinten Nationen oder die OSZE deutsche Beteiligung erbitten. Wenn ein befreundeter Staat um Hilfe in Mittelasien bitten würde, dürfte eine positive Antwort der Regierung nicht an der Bundeswehr scheitern, die erst die dafür benötigten Kräfte aus allen Truppenteilen zusammenkratzen müßte, wie im Falle Kambodscha und Somalia geschehen.

Die klassische Landesverteidigung ist der unwahrscheinlichste Fall geworden. Hier genügt, die verwaltungsmäßigen und organisatorischen Voraussetzungen aufrechtzuerhalten, innerhalb von drei bis fünf Jahren wieder eine massive Landesverteidigung herzustellen; es dauert länger, bevor eine potentielle neue Bedrohung aufwächst. Wenn wir dauernd 30000 bis 50000 Menschen einsetzen würden, gewissermaßen als Versicherungspolice gegen Feuer und Einbruch, die man sich leistet, auch ohne Brand und Einbruch zu befürchten, dann verfügten die vorsichtigen Deutschen für Zwecke der Rückversicherung über mehr als alle Nachbarn.

Die Krisenreaktionskräfte der Bundeswehr sollen nach gegenwärtiger Planung einen Umfang von 53000 Soldaten erhalten. Gerade weil Zahlen allein wenig aussagen, muß offen bleiben, ob sie für die oben umschriebenen möglichen Aufgaben reichen, die hochmodernes leichtes Material mit entsprechenden Lufttransportkapazitäten verlangen. Jedenfalls ist offensichtlich, daß der Umfang der heutigen Bundeswehr nicht nur aus finanziellen Gründen nicht zu halten ist, sondern das Status-quo-Denken die Bundeswehr behindert, jene Armee zu werden, die zum Rückhalt der deutschen Politik wünschenswert ist.

Wer den Schulterschluß mit Frankreich wünscht, findet einen Partner, der seine Streitkräfte auf 257000 Menschen reduziert, und die Wehrpflicht mit ihrer längeren Tradition abschafft, trotz der atomaren Streitkräfte, überseeischer Verpflichtungen und der ungleich größeren Marine. 50000 bis 60000 Mann sollen sofort interventionsfähig sein; in den nächsten Jahren sollen weitere 20000 in diese Kategorie überführt werden. In Deutschland und Frankreich stehen also Krisenreaktionskräfte in einem Umfang von mehr als 100000 zur Verfügung, mit steigender Tendenz. Eine beachtliche Kraft, wenn sie gebündelt wird.

Es kommt ein weiteres Moment hinzu. Das Ziel der deutschen Politik ist eine europäische Stabilität, die weitere Abrüstung erlaubt. Das Ziel der laufenden Verhandlungen in Wien im Rahmen der KSE soll geringere Truppenstärken ermöglichen. Die Politik will also jene Reduktion von Streitkräften erreichen, die zur Zeit für die Bundeswehr abgelehnt wird. Die augenblickliche Haltung der Bundesregierung heißt: Wir haben jetzt schon zuviel, wollen aber darüber nicht sprechen; daß wir morgen erst recht zuviel haben werden, soll nicht diskutiert werden. Wen kann es wundern, wenn immer mehr junge Menschen immer weniger überzeugt sind, daß ihr Dienst in der Bundeswehr sinnvoll und nötig sei?

Die Bundeswehr braucht eine verläßliche Perspektive. Sie braucht eine Struktur, die flexibel genug ist, um nicht bei jeder Verbesserung oder Verschlechterung der Lage eine neue Reform zu erzwingen. Eine Wehrstrukturkommission sollte unmittelbar nach den Bundestagswahlen im Jahr 1998 gebildet werden, um nach den politischen Vorgaben innerhalb eines Jahres ihre Folgerungen dem Parlament zur Entscheidung vorzulegen. Es ist wünschenswert, daß mindestens die beiden großen Parteien zusammenwirken, um sich über die Bedrohungslage und die Aufgaben zu verständigen. Erst danach ist zu entscheiden, welche Stärke die Bundeswehr dafür haben muß und welche Mittel ihr gegeben werden müssen.

Wenn dabei herauskommen sollte, die Aufgaben verlangen 250000 oder 200000 oder weniger Soldaten, dann sind wir souverän genug, wie andere Staaten die Stärke unserer Streitkräfte nach unseren definierten Interessen zu bestimmen. Es werden jedenfalls geringere Ziffern dabei herauskommen als die gegenwärtigen.

Unsere Bundeswehr ist ein Organismus im Übergang zu einer neuen modernen Struktur. Sie wird wahrscheinlich auch ein neues Kräfteverhältnis zwischen Heer, Luftwaffe und Marine erfordern. Die Aufgaben und nicht die allgemeine Wehrpflicht werden Ausrüstung und Umfang unserer Streitkräfte bestimmen. Ich halte es für sicher, daß wir eine kleinere hochmoderne Bundeswehr brauchen, für die der Gedanke der Wehrgerechtigkeit zu den gepflegten Werten der guten deutschen militärischen Tradition gehören wird, überlebt durch die Erfolge unserer Politik und die Erfordernisse unserer Zeit. Die Wehrpflicht darf jedenfalls nicht das Hindernis weiterer Modernisierung und weiterer Abrüstung bleiben.

Eine Vision

Aus unserem vitalen Interesse und der Analyse der Entwicklung wächst die Vision einer deutschen Außenpolitik. Wir wollen eine europäische Sicherheitsgemeinschaft erreichen, in der es zwischen Lissabon und Wladiwostok Kriege zwischen den Staaten nicht mehr gibt. Das verlangt ein Ordnungssystem, in dem nationale Macht durch die Stärke des Rechts ersetzt wird. Die nationale Verfügbarkeit militärischer Kraft gegen ein anderes Mitglied der Gemeinschaft ginge auf die Organe der Gemeinschaft über, mit Mehrheitsentscheidungen, Schiedsgerichtsbarkeit und – falls erforderlich – Sanktionen gegenüber solchen, die sich dem Recht nicht beugen. Europa könnte das Fernziel der Weltinnenpolitik als europäische Innenpolitik auf dem Gebiet der Sicherheit vorwegnehmen. Es verlangt im Kern einen Teilverzicht nationaler Souveränität, die Übertragung nationaler Verfügbarkeit von Waffengewalt an ein übernationales Organ mit einem überstaatlichen Gewaltmonopol. Eine europäische Sicherheitsgemeinschaft bedeutet die Zivilisierung der Macht. Damit der Gewaltverzicht die verläßliche Basis der europäischen Sicherheitsgemeinschaft sein kann, ist ein verpflichtender Kodex erforderlich, der jeder Minderheit auf beiden Seiten jeder Grenze die gleichen Rechte garantiert.

Friede ist nicht alles, aber ohne Frieden ist alles nichts. Das ist Realpolitik im Gewande eines höheren Wertes, denn diese Priorität hält die Organisation der Sicherheit für den Schlüssel. Dementsprechend kann nicht entscheidend sein, ob das eine Mitglied der Gemeinschaft demokratischer ist als andere, mehr oder weniger Marktwirtschaft treibt, stärkere oder schwächere soziale Netze gespannt hat. Sicherheit brauchen alle. Und das Gesetz der europäischen Sicherheit muß für alle gleich sein. Eine politische Ordnung und ein Wirtschaftssystem müssen wachsen, ein Sicherheitssystem läßt sich schaffen. Nicht zuletzt: Stabilität durch Gewaltverzicht ist die Voraussetzung für Wohlstand.

Die Vision von der Macht des Rechts in Europa ist die Lehre der Geschichte, in der Deutschland zu oft erprobt hat, anderen die Macht seiner Stärke zu zeigen. Sie wäre auch die historisch richtige Antwort auf die Rückkehr der gefährlichen Normalität nach dem Ende der bipolaren Welt: der Egoismus der Nation. Die Völker, die unter der Disziplin des Ost-West-Konflikts existierten, die Neutralen, die in seinem Windschatten lebten – sie alle finden sich in der Normalität wieder und schnuppern kaum noch bekannte frische Luft und verlernte Bewegungsfreiheit. Es kann nicht verwundern, wenn einige über die Stränge schlagen, die neue Freiheit mißbrauchen oder die Grenzen ihrer Freiheit erproben. Die Normalität der Geschichte bedeutet die Normalität von Kriegen. Diese Normalität ist sinnlos geworden. Die mehr als

100000 Kriegstoten seit dem Ende des Ost-West-Konflikts sollten anklagen; sie sind das Ergebnis einer wiedergeborenen Normalität seit dem Ende der Bipolarität. Diese Art von Normalität muß und kann durch ein Ordnungssystem überwunden werden, das die Freiheit erhält durch Verpflichtungen, aus denen sich kein Staat mehr lösen kann. Ohne Ordnung keine Freiheit. Damit nie wieder aus der Nachkriegszeit eine Vorkriegszeit wird.

Das Europäische Haus muß gebaut werden, nach dem Ende des Systemgegensatzes erst recht. Eine Sicherheitsgemeinschaft – die historische Konsequenz aus den Fehlern des 19. und 20. Jahrhunderts – wäre die Antwort Europas für das 21. Jahrhundert. Mehr denn je ist Neues Denken erforderlich. Europa mit seiner Zivilisation der Elektrizität, der vernetzten Energieversorgung ist im klassischen Sinn nicht mehr kriegsfähig, von den Atommeilern, von potentiell im nur konventionellen Krieg vielen Tschernobyls sogar abgesehen. Wer die Welt ändern will, muß sich selbst ändern. Wenn Deutschland die Stabilität Europas will, muß es entsprechend handeln und darf seine Verantwortung nicht leugnen. Tue so, als hinge von uns das Schicksal Europas ab und die Verantwortung läge bei Deutschland.

Eine solche Vision fügt sich nahtlos in das Plädoyer jener Gruppe von Wissenschaftlern ein, die einen globalen Gesellschaftsvertrag entworfen haben. Er sollte vier Abkommen umfassen: Einen Grundbedürfnis-Vertrag für die Versorgung aller Menschen mit Nahrung, Wasser und Wohnung; einen Kultur-Vertrag der Toleranz mit Regeln des Dialogs zwischen den verschiedenen Kulturen und Religionen; einen Demokratie-Vertrag mit Elementen globaler Steuerung gegen den Druck des Wettbewerbs, des bloßen technologischen und Kostendenkens; einen Erd-Vertrag mit den Prinzipien für verantwortungsvollen Umgang mit der Natur.

Der nüchterne Blick auf die Realität zeigt, daß die Welt für den wünschbaren und nötigen Qualitätssprung nicht reif ist, auch nicht Europa. Man muß von der Wirklichkeit ausgehen, ohne die Vision zu verlieren.

Die Wirklichkeit

Unser vitales Interesse kann nur unter den Umständen und mit den Mitteln verfolgt werden, die wir vorfinden. Was als Königsweg erscheint, muß das Mittel zum Zweck werden, unserer Vision so nahe zu kommen, daß sie auf die Tagesordnung der Politik gesetzt werden kann.

Dabei können die festgestellten Mängel an Konzeption und Klarheit, die Zweideutigkeiten und Mehrgleisigkeiten gerade zum Glücksfall werden. Nichts ist so entschieden und erstarrt, daß es nicht noch bewegt werden könnte. Wir leben in einer Periode der Vorläufigkeiten und Übergänge, des Hinhaltens und der Provisorien zwischen Vertiefung und Erweiterung bei der EU, ausstehenden Entscheidungen bei der NATO, der unhaltbar gewordenen, veralteten Stärke der Bundeswehr, dem Neben- und Durcheinander von Organisationen mit dem Buchstabensalat von UNEUNATOWEUOSZEKSEPfP, ergänzt durch einen euroatlantischen Partnerschaftsrat und die Grundakte.

Dieses Glück der Nicht-Entschiedenheit sollte genutzt werden. Die Zeit der Gestaltung ist gekommen. Das Fenster der Gelegenheit ist bis 1999 offen, wenn

KSE unterschrieben und die drei neuen Mitglieder in der NATO begrüßt werden. Damit es sich nicht wieder schließt, könnte die Bundesregierung folgende Grundsatzpositionen erklären:

1. Im Interesse der Stabilität Gesamteuropas gibt Deutschland der Grundakte und ihrer Verwirklichung Priorität. Es wird die dort niedergelegten Möglichkeiten voll ausschöpfen.
2. Deutschland betrachtet den ergänzten KSE-Vertrag als Grundlage gesamteuropäischer konventioneller Sicherheit. Es wird sich daher nicht an einer neuen Diskussion über die Erweiterung der NATO beteiligen. Diese Haltung würde sich ändern, falls Rußland seine Politik der konstruktiven Zusammenarbeit mit Europa revidiert. Nur wenn es seine partnerschaftliche Bindung in gesamteuropäische Strukturen aufgibt, könnte die Aufnahme aller Staaten in die NATO, die das wollen, die unausweichliche Alternative werden.
3. Deutschland wird Initiativen vorbereiten, um, falls erforderlich, dem KSE-Vertrag die Qualität einer »Charta der europäischen Sicherheit« zu geben, die auf den Prinzipien der OSZE beruht und für alle ihre Staaten offen ist.
4. Deutschland erstrebt eine umfassende Verflechtung seiner Außen- und Sicherheitspolitik mit Frankreich. Sie soll in der Überzeugung vorgenommen werden, daß sie am schnellsten in der Lage ist, zum Kern eines handlungsfähigen Europas in einer multipolaren Welt zu werden. Sie soll jedem Mitglied der EU und

den Staaten offenstehen, mit denen die Verhandlungen über ihren Beitritt begonnen haben.

Diese vier Orientierungspunkte einer deutschen Außen- und Sicherheitspolitik für das 21. Jahrhundert bedürfen der Erläuterung und Ergänzung. Sie enthalten nicht die Selbstverständlichkeiten unserer fortbestehenden Verpflichtungen und Bindungen und brauchen keine Wiederholung alter Beteuerungen. Es kann zum Beispiel als bekannt vorausgesetzt werden, daß Europäer und Amerikaner mehr gemeinsame Interessen als trennende Gegensätze haben und daß heute niemand die stabilisierende Wirkung der USA in Europa ersetzen kann.

Im einzelnen:

Zu 1:

Das Organ der Grundakte ist der NATO-Rat der 17, ab 1999 der Rat der 20. Er ist das Forum, in dem gegenseitige Vorurteile abzubauen sind, und in dem sich der Gedanke der Stabilität durch Integration bewähren muß. Deutschland sollte sich allem widersetzen, was Rußland zu gegen den Westen gerichteten Rüstungen veranlassen könnte. Die Bundesregierung sollte die Einrichtung einer militärischen Luftsicherheitszentrale vorrangig betreiben, um zum Beispiel auf beiden Seiten dadurch unnötig werdende Luftverteidigungs- und Jagdflugzeug-Kapazitäten zu vermeiden. Wir sollten uns nicht scheuen, interessante und vernünftige russische Vorschläge zu unterstützen, die sich aus der Grundakte ergeben, auch wenn sie überraschend sind und nicht jedem unserer alten Verbündeten sofort gefallen.

Deutschland sollte im Rat der 17, in dem die vier europäischen Atommächte vertreten sind, beantragen, die Strategie der Abschreckung für alle Staaten dieses Gremiums abzuschaffen. Dieses Relikt aus dem Ost-West-Konflikt hat keinen Sinn mehr. Partner, die an einem Tisch sitzen und nicht aufgeben wollen, sich gegenseitig atomar zu bedrohen, wären Dummköpfe oder Betrüger. Mindestens die Staaten dieses Gremiums sollten von der Drohung des Ersteinsatzes befreit werden. In dem gemeinsamen Sicherheitsgebiet hat die atomare Drohkulisse keinen Platz mehr.

Es würde überdies dem Ziel der Sicherheitsgemeinschaft entsprechen, alle Atomwaffen auf dem Gebiet jener Staaten zu entfernen, die darüber nicht verfügen. Die Stationierung amerikanischer Atomwaffen wird heute, von der Bundesregierung unterstützt, als symbolisches Mittel begründet, Amerika an die Sicherheit Europas zu koppeln. Die Interessen und Verpflichtungen Amerikas brauchen diese Symbolik nicht. Verhandlungen über diesen Komplex, der mit den globalen Atom- und Machtfragen zu tun haben, sind nicht vordringlich und werden Zeit brauchen.

Zu 2:
Amerikanische Fachleute haben vorgeschlagen, die Diskussion über die Fortsetzung der NATO-Erweiterung für fünf Jahre auszusetzen. Sie haben das mit dem Interesse begründet, Rußland nicht in eine konfrontative Politik zu treiben. Inzwischen gibt es die Aussicht, durch den angepaßten KSE-Vertrag die militärisch materiellen Grundlagen zu erreichen, um gleichzeitig für mehr Staaten Si-

cherheit zu schaffen, als die phasenweite Ausdehnung jeweils schaffen kann. Das ist die politische Chance, die NATO-Ausweitung und die Diskussion darüber zu beenden. 1999 kann das Jahr werden, das die NATO mit zwanzig Mitgliedern sieht und in dem die Phase des systematischen Ausbaus gesamteuropäischer Sicherheitsstrukturen beginnt.

Um diese Chance zu nutzen, sollte Deutschland 1999 jede neue Erweiterung der NATO ablehnen. Solange im Bündnis das Einstimmigkeitsprinzip herrscht, kann Deutschland davon den gleichen Gebrauch machen wie Amerika, Frankreich und andere Länder. Auch mit gleicher Wirkung. Das Gewicht eines faktischen deutschen Vetos sollte eingesetzt werden, um eine unerwünschte Entwicklung zu verhindern, positiv formuliert: um der gesamteuropäischen Stabilität zu dienen. Auch diese Haltung wäre zu überprüfen, wenn Rußland eine nichtkooperative Politik gegenüber der KSE-Entwicklung verfolgen würde.

Zu 3:
Dies hätte zudem den Vorteil, zusätzliche Elemente der Stabilität im Raum der ehemaligen Sowjetunion zu schaffen, besonders in Mittelasien. Keine NATO-Ausweitung kann neue Grauzonen vermeiden und das Gewicht weitgehender Handlungsfreiheit Rußlands dort relativieren. Es ist zudem offen, wie und wo die einzelnen neuen Republiken, zum Teil entlegen und ohne Zugang zum Meer, arm aber zum Teil rohstoffreich, ihre Anlehnung suchen werden. Sofern das der europäische Sicherheitsraum wird, wie er mit seinen Rechten und Pflichten, Kon-

trollen und letztlich Garantien definiert und begrenzt ist, verlangt es von den westlichen Staaten das Engagement dort. Im Grunde geht es um das Engagement Europas in einem brisanten Raum, dessen Stabilisierung sonst im wesentlichen Rußland überlassen bleibt. Sofern es die eine oder andere Republik vorzieht, dem europäischen Sicherheitsraum der KSE nicht beizutreten, ist auch Klarheit über die Grenze geschaffen, bis zu der europäische Verpflichtungen reichen.

Eine »Charta der europäischen Sicherheit« würde dem Vertragswerk zusätzliche Kontur geben und klarmachen, daß die Voraussetzungen der Mitgliedschaft weniger strenge Bedingungen verlangen, als die NATO sie fordert. Sie wäre flexibel genug, Sicherheitsinteressen auch solcher Staaten einzubeziehen, die nicht oder noch nicht demokratisch sind und Marktwirtschaft nach westlichen Kriterien erreicht haben. Sie wäre insofern ehrlicher und widerspruchsfreier, indem sie sich auf ihren Zweck, die Sicherheit, beschränkt und dennoch die Blicke dieser Staaten nach Europa lenkt. Sie sollte den gleichen verbindlichen Charakter wie die Grundakte erhalten.

Zu 4:
Die französischen Interessen sind durch die Kohabitation nicht undeutlicher geworden. Die Identität Europas in einer multipolaren Welt herstellen, dazu sind Frankreich wie Deutschland allein zu schwach. In der Verschmelzung ihrer Außenpolitik, im Schulterschluß gemeinsamen Handelns könnte das Ziel der europäischen Handlungsfähigkeit geschafft werden. Der Entschluß zu

dieser neuen Qualität der politischen Intimität könnte in einer Präzisierung des »Elysée-Vertrages« formalisiert werden.

In dieser Perspektive liegt eine europäische Weltmacht. Ihr Markenzeichen wäre ein Zivilisationsmodell mit seiner Vielfalt der Nationen, einem theoretisch genügsamen Reichtum und einem Gesellschaftsbild, das den einzelnen vor der Gnadenlosigkeit des Marktes schützt. Europa darf sich nicht damit abfinden, daß Produktivität und Preis alleiniger Maßstab des Wirtschaftens wird. Es ist eine Schande, daß zum Ende dieses Jahrhunderts die ausbeuterische Kinderarbeit wächst. Diesen Standortnachteil will nicht abschütteln, wer Mensch und Markt zusammen denkt. Es ist etwas beschämend, daß Frankreich die Diskussion über das Element einer sozialen Ergänzung der Europäischen Union erzwingen mußte.

Den höchsten russischen Orden hat der bislang einzige Träger, Jelzin, Präsident Chirac verliehen; der bleibt Kohl noch vorbehalten. Der Schulterschluß würde das traditionelle Spielchen beenden, das zwischen St. Petersburg, Berlin, Moskau, Bonn und unverändert Paris klugerweise meist jenseits der Öffentlichkeit gepflegt wurde. Deutschland hat mehr Verständnis für den Osten, Frankreich für den Süden; Harmonisierung und Verschmelzung dieser Orientierungen sind fällig.

Der Schulterschluß wird die volle Rückkehr Frankreichs in die NATO-Strukturen bringen; denn es ist offensichtlich, daß die europäisch begründeten Wünsche von Paris, das sich mit der Macht nicht abfinden will, die Amerika im Bündnis ausübt, leichter durchsetzbar sind, wenn sie von Deutschland unterstützt werden.

In einem wichtigen Punkt kann Frankreich uns helfen: Es hat, anders als wir, seit langem über den engen Horizont des europäischen Kontinents hinausgedacht. Es ist moderner und für die globale Dimension geübter als ein Deutschland, das nach plötzlich überwundener Teilung nun im achten Jahr seine innere Einheit und Identität sucht. Wer in der Logik der Geschichte eine Weltmacht Europa sieht, fragt nach einer europäischen Politik zum Beispiel für Mittelasien. Das Gebiet des Kaukasus liegt uns näher als der Mittlere Osten. Aber nicht nur nach der Geographie sind die Prioritäten europäischer Interessen zu formulieren. In Mittelasien kann Europa mehr bewirken als in Ostasien, wo große und kleine Tiger ihre Muskeln stählen. Kann aus der sozialen Ergänzung der Europäischen Union ein Gesellschaftsbild entwickelt werden, das global attraktiv ist? Gerade die unausweichliche Globalität verlangt weltpolitischen Blick. Deutschland muß ihn noch lernen.

Können wir das überhaupt?

Epochale Entwicklungen und Einschnitte hat das zu Ende gehende Jahrhundert gebracht. Geschichtlich am besten zu übersehen sind die 74 Jahre, in denen die Sowjetunion das Geschehen bestimmt hat, zwischen 1917 und 1991, mit ihrer Ideologie, ihren ausgreifenden Ansprüchen und ihrer Macht. Diese Macht zuerst zu isolieren, später zu benutzen gegen Hitler, dann einzudämmen, zu reduzieren, ungefährlich zu machen, wurde die Leitlinie des Westens, den die unblutige Implosion des Reiches unvorbereitet traf. Der zweite Jahrhundertabschnitt ist ein Kind dieser Epoche: Die bipolare Welt mit zwei Supermächten, mit dem geteilten Europa, dem geteilten Deutschland und dem geteilten Berlin. Dieser Abschnitt dauerte 45 Jahre, von 1945 bis 1990 gerechnet. Er hat mit der Stärke eines gigantischen Magneten die Kraftfelder zwischen dem Positiven und dem Negativen, zwischen Anziehung und Abstoßung »geordnet«, Denken dominiert, politische Schulen entstehen lassen, Schicksale von Menschen und Völkern bestimmt und sogar andere epochale Ereignisse benutzt, assimiliert: das Ende des Kolonialismus und die Atomwaffen.

Die Selbständigkeit kolonialer Völker schuf so die Dritte Welt. Ohne die Prägekraft der Ersten und Zweiten wäre das Schicksal der neuen, umworbenen wie benutzten postkolonialen Staaten anders verlaufen. Die Kernspaltung hätte ohne die bipolare Welt nicht zu diesem Wettlauf der atomaren Rüstung geführt, der gleichzeitig hochgefährlich wurde, wie er den Blick in den nuklearen Abgrund eröffnete und dadurch wohl den dritten Weltkrieg verhindert hat. Beide Komplexe stellen sich heute als Hinterlassenschaft der bipolaren Welt dar, durchtränkt vom gestrigen Ost-West-Konflikt. Der Organismus unserer Welt, infiziert vom Freund-Feind-Denken braucht Zeit, das Gift des Lagerdenkens auszuschwitzen.

Zwei sich einander bedingende Epochen sind zu Ende. Der Einschnitt ist fast unbegreifbar tief. Als ob wir eines Morgens erwachen und uns machtpolitisch in einer nie erträumten neuen Welt finden. Die alte ist weg und hat ihre Trümmer hinterlassen, nicht nur ihre Waffen, sondern viel schlimmer ihre Orientierung, ihre Mentalität, ihre Denkschemata, ihre Gewohnheiten, ihre Normalität, früher millionenfach verflucht, nun zuweilen sogar vermißt. Es ist der Gipfel an Untertreibung, über die neue Zeit zu sagen: »Wir müssen gegenseitige Vorurteile überwinden.« In Wirklichkeit muß die alte Epoche überwunden werden, die einzige, die wir kennen, die einzige, in der wir politisches Denken und Handeln gelernt haben, die einzige, die uns noch immer prägt, oft sogar ohne daß es uns bewußt ist.

Die neue Normalität erscheint abnorm. Wo anknüpfen? Das Europa des Zweiten und des Dritten Deutschen

Reiches ist im Reich der Schatten versunken. Dort sind auch die Leidenschaften gelandet, denen die alten Völker des Kontinents sich hingegeben haben, getragen von den Gefühlen der Überheblichkeit, Vorherrschaft, der Überlegenheit und des Stolzes ihrer Nationen, auf Sieg oder Tod gestimmt. Soll Rußland suchen, was ihm das Zarenreich noch geben kann, oder England, welche Wirklichkeit das Commonwealth aus der Vergangenheit in die Zukunft retten kann? Allein Amerika – »Du hast es besser« – überblickt »sein« Jahrhundert des unaufhaltsamen, ungebrochenen Aufstiegs, des Triumphes seiner Werte, nur einmal von Schuld und Makel des verlorenen Krieges in Vietnam berührt. Amerika hat seine Normalität nicht verloren. Europa muß sie neu schaffen.

Werden die USA verstehen, daß Europa mit Rußland einen ganz neuen Anfang finden muß, während sie selbst auf gewohnten Gleisen weiterfahren? Zugespitzt: Kann Amerika verstehen, daß in der neuen Epoche der Weltgeschichte Europa seine Identität in der ganz neuen Normalität noch nie erfahrenen Zusammenlebens durch intensive Zusammenarbeit finden muß, während die Supermacht ihre Macht »nur« bewahren und ausbauen will? Unterschiedliche Ordnungsvorstellungen entwickeln sich. Zwischen Amerika, dem verboten ist, »Europe First« zu sehen, und Europa, dem gerade das geboten ist.

Der »Europäische Friede« ist die europäische Aufgabe, nicht ohne Amerika, aber emanzipiert von ihm. »Besinnt euch auf euere Kraft«, damit Europa im 21. Jahrhundert nicht Mitläufer, sondern globaler Mitspieler werden kann, seiner unverwechselbaren Werte voll bewußt.

Deutsche Nachkriegsgeschichte läßt sich von den Daten des 8. Mai 1945 und des 15. März 1991 her schreiben. Die beiden Tage markieren den völligen Verlust der Souveränität nach der bedingungslosen Kapitulation des Reiches bis zur vollen Wiederherstellung der Souveränität eines Deutschland, das vereint noch nie so klein war, durch das Inkrafttreten des Friedensvertrages, der 2+4-Vertrag heißt. In den 46 Jahren dazwischen waren die Deutschen in beiden Teilgebieten, bald Staaten, bemüht, von den Besatzern, bald Verbündeten, Zuständigkeiten zurückzubekommen und wachsende Eigenverantwortlichkeit zu erhalten. Das geschah systembedingt unterschiedlich, aber immer besser, je wichtiger die beiden Deutschland für ihre Führungsmächte wurden. Das Vertragswerk für Berlin wurde 1972 zwar noch Vier-Mächte-Abkommen genannt, konnte aber ohne Beteiligung und entscheidende Mitwirkung der beiden deutschen Regierungen nicht mehr allein durch die Vier Mächte in Kraft gesetzt werden. Es war das Schema 4+2. Hans-Dietrich Genscher hat zu Recht in dem erwähnten Artikel daran erinnert, daß damals »die Verantwortung nicht geringer war als heute. Beschränkt war unsere Souveränität ... Die Bundesrepublik hat mit der Entspannungspolitik die Immobilität westlicher Politik, die eine immer stärkere Verfestigung des sowjetischen Machtbereichs erleichtert hatte, überwunden ... Mit der deutschen Ostpolitik und der Schlußakte von Helsinki wurde der Weg freigemacht für die Überwindung der Teilung Europas und Deutschlands.«

Das war eine Politik, die deutsche Interessen bis an die Grenzen ihrer eingeschränkten Souveränität vertrat, sie im stillen zuweilen überschritt, weil etwa die beiden Großen in Berlin, wo keiner von ihnen eigentlich etwas ändern wollte, nur behutsam an die Hand genommen werden konnten, wenn damit öffentlich nicht geprahlt wurde. Wieviel von der Mitte her bewegt werden konnte, zeigte auch die Nachrüstung. Sie wurde von Helmut Schmidt ausgelöst und angetrieben, obwohl Amerika zögerte, bis es die eigenen Vorteile erkannte, und verdient das Markenzeichen Made in Germany.

Deutsche Führung war möglich, besonders wenn sie sich dessen nicht rühmte. Nun gilt mehr denn je: Wir können keine Ordnung erzwingen, aber Unordnung, Konfrontationen, neue Trennlinien verhindern. Gegen Deutschland wird keine Entscheidung fallen. Keine Angst vor Führung, weder vor amerikanischer, französischer, englischer, polnischer oder russischer, nicht mal vor deutscher. Die besten Ideen sollen sich durchsetzen. Wir sollten uns als Mittelfeldspieler fühlen, ohne den auch der beste Stürmer nur schwerlich ein Tor schießen kann.

Am Ende dieses Jahrhunderts wie an seinem Beginn blickt Deutschland über die Grenzen Europas hinaus. Aber die scheinbare Ähnlichkeit täuscht. Damals, in verspäteter Konkurrenz zu den europäischen Kolonialmächten, mit eigenen militärischen und kolonialen Ambitionen, fand Berlin es richtig und angemessen, seinen Platz als stärkste Macht des Kontinents auf der globalen Ebene zu festigen und zu stärken. Es war Hybris, eigenverantwortet und nicht durch äußere Umstände erzwungen, wenn proklamiert wurde, am deutschen Wesen solle die Welt genesen. Heute gibt es einen Zwang zum Wagnis der deutschen Beteiligung an der europäischen Selbstbehauptung in der Globalisierung. Zwang zum Wagnis – was Brandt vor dreißig Jahren im Interesse der geteilten Nation an der Entspannung zum Osten formuliert hatte, ist nun zum Interesse der vereinten Nation geworden. Deutschland kann und sollte zum erstenmal in seiner Geschichte eine globale Dimension der Entspannungspolitik ins Auge fassen. Es muß sogar: Die Entfernung zu Amerika beträgt sechs Flugstunden, zu China zwölf; das Internet hat praktisch globale Zeitgleichheit geschaffen. Deutschland darf sein Interesse nicht mehr auf sein nahes Ausland begrenzen.

Wir sind nun frei mit der vollen Souveränität, auch größere Verantwortung zu übernehmen. Andere sehen Deutschland als eine große, sogar als politische Großmacht, die Zaghaftigkeit nicht mehr mit eingeschränkter Handlungsfähigkeit entschuldigen kann. Sie erwarten, daß wir die gewachsenen Möglichkeiten, etwas von der Mitte her zu bewegen, verantwortungsvoll nutzen. Aber nochmals ist zu fragen: Können wir das überhaupt?

Sechsundvierzig Jahre lang, also praktisch während der Wirkungs- und Erfahrungszeit von zwei politischen Generationen, hat sich Deutschland an den Zustand gewöhnt, daß letzte existentielle Entscheidungen andere fällten. Ohnmacht, Teilung und Wohlstand trugen dazu bei. Wir sind ja nicht schlecht damit gefahren, große Fehler nicht machen zu können, gut aufgehoben im Schutz und in der Verantwortung Größerer. Wir haben uns daran gewöhnt. Die Diskussion über Machtvergessenheit war nur ein Leuchtfeuer der vergessenen Normalität.

Mit dem Akt am 15. März 1991 hat Deutschland völkerrechtlich seine Souveränität zurückerhalten, aber nicht die Souveränität des Denkens. Das müssen wir schon selbst schaffen. Und das fällt offensichtlich schwer. Nur ein Beispiel: Als Amerika herrisch die Diskussion um die Zahl neuer NATO-Mitglieder mit der Erklärung beendete: »Drei. Mehr ist nicht verhandlungsfähig« und Frankreich sich für fünf einsetzte, erschöpfte sich die deutsche Souveränität in der entlarvenden Antwort des Außenministers: »Man kann gute Argumente für drei oder vier oder fünf finden.« Nun kann Feigheit im Gewand der Klugheit daherkommen und Entschiedenheit töricht sein, aber souverän war das nicht. Souveränität kann auch Fehler machen. Aber wer das aus Angst nicht will, ist eben nicht souverän.

Die Fortsetzung des Schwankens, sich zuletzt ausrechenbar immer an der Seite der USA zu finden, kann nicht zu Europas Identität führen. Mangel an Souveränität kann Deutschland schuldig werden lassen, wenn Europa seine Möglichkeiten verfehlt.

Der kluge und erfahrene amerikanische Botschafter in Bonn, John Kornblum, hat festgestellt: Deutschland hat seine Rolle noch nicht gefunden. Ein anderer amerikanischer Freund unseres Landes, Gerald Livingston, hat die alte Bundesrepublik ein Protektorat Amerikas genannt, das über 45 Jahre Lehenstreue bewiesen hat. Deshalb würde in Washington die deutsche Zustimmung zur amerikanischen Politik für selbstverständlich gehalten. Bei 80000 amerikanischen Soldaten auf deutschem Boden, mehr als in jedem anderen Land der Welt, unerläßlich für schnelles Eingreifen im globalen Dorf, setze Amerika auf deutsche Vasallentreue und die Übernahme internationaler Verantwortung unter amerikanischer Führung. Das sei so unzweifelhaft, daß die Gleichgültigkeit gegenüber Deutschland wachse. Sie wäre in dem Augenblick zu Ende, in dem Deutschland sich in einer wichtigen Frage gegen Amerika stellte.

Schon eine solche Vorstellung läßt viele in unserem Lande zittern, die so souverän gar nicht sein wollen, wie sie sich erklären. Das ist eine westdeutsche Art der Nostalgie für die verlorene Vergangenheit. Wer Angst vor den Spannungen hat, die mit einer deutschen Entscheidung – im Zweifel für Europa – unvermeidbar sind, bleibt im Prinzip Vasall, der den Lauf der Dinge kommentierend, bestenfalls korrigierend begleitet und auf Gestaltung verzichtet. Dabei geht es gar nicht um eine Politik gegen Amerika, sondern um die Position Europas gegenüber Amerika in der neuen Epoche der Globalisierung mit einer einzigen Supermacht.

Eine deutsche Politik der Souveränität im Dienste Europas wäre ganz ungefährlich: Selbst wenn Amerika sich zurückzöge, was seinen Interessen nicht entspricht und niemand verlangt, bliebe Europa gedeckt durch die Wirksamkeit amerikanischer Waffen, deren Überlegenheit immer weiter wächst. Daran würde sich nichts ändern, wenn Deutschland sein Veto gegen jede künftige Ausweitung der NATO einlegte. Gegen und ohne Deutschland ist kaum eine wichtige Entscheidung in Europa durchsetzbar. Wir sind ähnlich wie Frankreich unter de Gaulle eine Verhinderungsmacht, die Entwicklungen gegen Eigeninteressen unmöglich machen kann. Wir wären mit dem Konzept der europäischen Gemeinsamkeit eine Gestaltungsmacht, mit Frankreich erst recht, die negative Mißdeutungen nicht fürchten muß.

Wir könnten den baltischen Staaten erklären, daß unser Weg ihre Sorge, Rußland würde sie wie ein Staubsauger einsaugen, besser und schneller beheben kann als die Hoffnung, vielleicht irgendwann Mitglied der NATO zu werden. Wir könnten den anderen Anwärtern klarmachen, daß der Weg über KSE sie besser, sogar billiger schützt; denn niemand kann im Ernst glauben, die NATO-Staaten mit Amerika, die ja alle Mitglieder des KSE-Vertrages sind, würden erlauben, daß ein anderes KSE-Mitglied bedroht, gar angegriffen wird. Wir könnten die beschriebene UN-Politik verfolgen, die Bundeswehr reduzieren, mit eigenen Vorschlägen die atomare Gefahr verringern; wir könnten unsere Entwicklungshilfe in all jenen Ländern auf Null zurückführen, die an atomaren Waffen arbeiten oder sie besitzen, und diese Mittel einsetzen, damit die schändliche Zahl von 800 Millionen Menschen auf der Welt, die heute hungern, fühlbar verringert wird; wir könnten das und anderes tun, wenn wir unsere Interessen durch eine große öffentliche Diskussion geklärt und definiert hätten und dann zu Entscheidungen kämen, in denen die Interessen von Wertvorstellungen getragen würden: eine Friedensordnung, in der die Stärke des Rechts herrscht.

Wir können das alles, wenn wir wollen. Aber Wille allein reicht nicht. Es ist die Frage, ob wir uns eine deutsche Politik der Souveränität im Dienste Europas zutrauen. Ob wir uns die Kraft zutrauen und die kluge Mäßigung, was die Grenzen unserer Fähigkeiten angeht und fast politische Weisheit verlangt. Und diese Frage ist offen.

Ostsee
B.R.D.
LETTL.
LITAUEN
Europa – Jamal
R U
POLEN
Prag
Warschau
Minsk
TSCHECHIEN
WEISS-RUSSLAND
Moskau
Wien
ÖST.
Preßburg
SLOWAKEI
Kasan
Budapest
L'vov
UNGARN
Ushgorod
Kiew
KR.
UKRAINE
MOLDAU
Saratow
Belgrad
RUMÄNIEN
Chisinau
JUGOSL.
Alexandrov
Bukarest
Odessa
Wolgograd
Sofia
Rostow
MAZ.
BULGARIEN
Konstanza
Tichoretsk
Burgas
Astrachan
Noworossijsk
Schwarzes Meer
Alexandroupolis
Istanbul
GRIECH.
Kaspisches Meer
Aqtau
Grosny
Samsun
Poti
Machatschkala
Ankara
GEORGIEN
Batumi
Tbilisi
TÜRKEI
Erzurum
Jerewan
ASERB.
ARMEN.
Baku
NA.
Cejhan
Cizre
Tabriz
Mittelmeer
Nikosia
SYRIEN
Bandar-e-Anzali
ZYPERN
Beirut
Hims
Kirkuk
LIBANON
Damaskus
Teheran
ISRAEL
Jerusalem
Bagdad
Amman
IRAK
Kairo
Esfahan
JORDANIEN
ÄGYPTEN
I R
Basra
Kuwait
SAUDI-ARABIEN
KUWAIT
Pers. Golf
Rotes Meer